快速伸缩复合训练 92 例

袁晓毅　著

北京体育大学出版社

策划编辑　郭英俊
责任编辑　侯恩毅
审稿编辑　梁　林
责任校对　张春芝
版式设计　博文宏图

图书在版编目（CIP）数据

快速伸缩复合训练 92 例/袁晓毅著． --北京：北京体育大学出版社，2017.7
ISBN 978 - 7 - 5644 - 2671 - 2

Ⅰ.①快…　Ⅱ.①袁…　Ⅲ.①运动训练
Ⅳ.①G808.1

中国版本图书馆 CIP 数据核字（2017）第 176199 号

快速伸缩复合训练 92 例　　　袁晓毅　著

出　　　版　北京体育大学出版社
地　　　址　北京海淀区信息路 48 号
邮　　　编　100084
邮 购 部　北京体育大学出版社读者服务部 010 - 62989432
发 行 部　010 - 62989320
网　　　址　http：//cbs. bsu. edu. cn
印　　　刷　北京虎彩文化传播有限公司
开　　　本　710mm×1000mm　1/16
成品尺寸　228mm×170mm
印　　　张　12.5
字　　　数　209 千字

2018 年 11 月第 1 版第 2 次印刷
定　价　44.00 元
（本书因印制装订质量不合格本社发行部负责调换）

编者的话

　　快速伸缩复合训练起源于田径运动，曾被视为提升运动员运动能力的秘密武器。自 20 世纪 60 年代以来，经过了半个世纪的发展，快速伸缩复合训练逐渐成为力量训练中最重要、最受青睐的方式之一，在运动训练中被广泛应用。快速伸缩复合训练旨在提高运动员神经对肌肉的支配，对运动员的反应力量和弹性力量都具有良好的训练效果。快速伸缩复合训练利用了牵张反射原理，突出了运动过程中神经—肌肉系统被动拉伸和主动收缩的快速组合特点，将机体的力量和速度素质相结合，从而使运动员跑得更快、跳得更高、投得更远，并使运动员的力量在不增加肌肉体积的前提下得到提升，在竞技体育日益强调高速、对抗的大环境下，这样的力量素质显得尤为重要。值得注意的是，截至目前，除了应用于周期运动外，快速伸缩复合训练已扩展到了变向运动，所涉及的运动项目更加广泛，这将为训练计划的制定提供更多更具专项化特征的选择。

　　本书详细介绍了快速伸缩复合训练背后的生物学原理和研究成果，并致力于用简洁明晰的语言将快速伸缩复合训练中的有效训练方法手段介绍给大家。书中以直观插图的形式介绍了 92 种被广泛认可的练习范例，希望对想要提高力量素质的运动员、健身爱好者，亦或是想要丰富练习手段的教练员、教师、体育从业者提供参考。

　　本书将有助于消除导致教练员和运动员困扰的臆测和失误，可为教练员和运动爱好者设计安全有效的训练计划提供保证。在本书撰写过程中，汲取了刘大庆教授、李铁录教授等多位学者的意见和建议，并由北京体育大学王铭演、潘思懿拍摄动作范例照片。在此，对本书编写过程中给予我帮助的人表示衷心的感谢。

　　随着人们对快速伸缩复合训练认识不断深入，训练方法手段会愈加丰富，此类著作也会在广大读者的斧正下不断更新的进步。

目录

第一部分　快速伸缩复合训练

第二部分　快速伸缩复合训练手段

目录

第一部分
快速伸缩复合训练

第一章　力量训练理论基础

第一节　概念与分类

　　力量的概念及分类是进行力量理论和实践活动展开的逻辑起点。力量指人体神经—肌肉系统工作时克服或对抗阻力的能力，它是神经与肌肉系统共同作用的结果。（图 1-1）

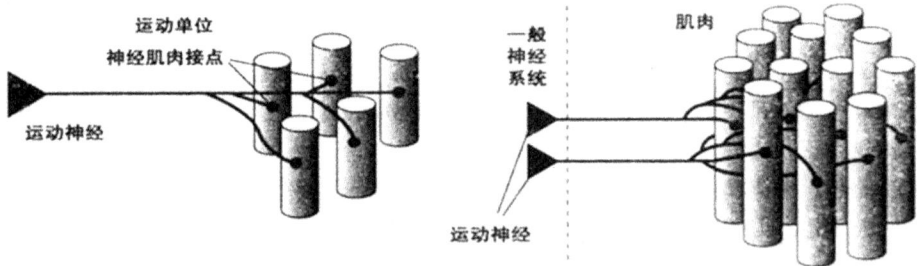

图 1-1　神经-肌肉联接示意图

　　现代研究认为，肌肉产生力量的大小，与中枢神经系统发放冲动的频率和强度成正相关；肌肉的生理横断面积、肌纤维类型、数量、长度、支撑附着面积、走向等都会影响肌肉产生力量的大小；此外肌肉工作时的内协调能力、肌肉内感受器的敏感性等都是影响肌肉力量的重要因素。

　　我们能看的到力量会移动部分身体，看不到的力量会抵制身体一部分的移动，并将稳定身体的某部分，所有这些都发生在运动过程中，力量训练也需要在抵抗身体部分移动时起作用。运动损伤大部分都发生在力量下降时，稳定身体的功能也是力量非常重要的表现因素。

力量及它的所有表现在维持人体姿势中都起着关键作用。力量训练的作用是要调整骨骼、肌腱、韧带和肌肉的状况，以对抗和克服竞赛、训练中高负荷的要求，在力量训练的开始阶段力量训练存在着简单的线性关系，练习得越多，获得的就多，而到达一定水平之后，愈加呈现非线性特点，训练必须改变刺激，力量才能继续增加，尤其是在最大力量发展中更是如此。

力量素质分类的细化导致了训练任务、手段和要求的细化，这种细化不仅深入揭示了力量的内涵，也拓宽了对力量素质的理解，更重要的是使力量的训练更加微观和具体，促使传统的力量训练任务、内容和方法做出相应的变革。（图1-2）

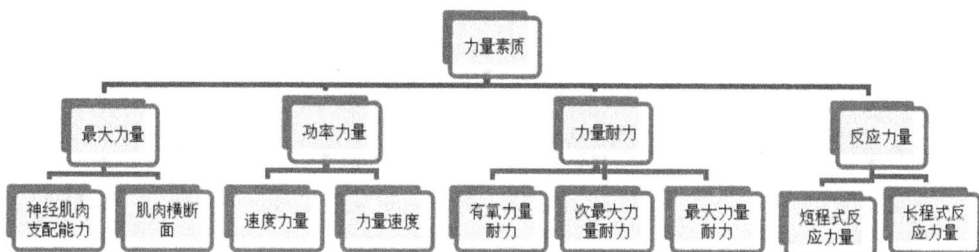

图1-2 力量素质的分类递阶层次

一、最大力量

近三十年力量训练的研究成果表明，力量素质在运动实践中的结构层次更为细化，最大力量训练又可分为"肌肉神经支配能力"和"肌肉横断面"两种，速度力量性项目的力量训练应以提高肌肉的神经支配能力为主，避免发展更大肌肉的横断面积，而健身健美选手的最大力量训练则与其相反。

二、功率力量

许多运动项目需要的力量是运动员在高速度时产生最大力量的能力，只有这个能力的提高，才能为运动技术打下良好的基础。速度力量和力量速度也可称为功率力量，它体现了力量与速度的相互作用，反映了收缩力量与动作速度之间的相互关系。快速力量对应的英文是POWER，POWER在英文中的涵义体现的是力量与速度的相互作用，它反映了肌肉收缩速度与动作速度之间的关系，与运动员能够多么快的产生力量有关，即力量输出的功率。国际田联教练员教科书的中文版将POWER不再翻译为"快速力量"或者"速度力量"，而称之为"功率力量"。功率力量对发展运动员快速完成动作的能力具有积极意义。对于大部分项目的运动员而言，功率力量才是提高运动员运动能力的关键，高效率的功率力量训练将有效提高运动员的动作速度，进而提高其竞技能力。

在同样以速度力量为主的运动项目中，短跑的起跑和跳远的起跳动作要求运动员在最短的时间内达到最大的力值，投掷项目器械出手和羽毛球杀球动作则需要在技术动作结束时获得最大的力值。也就是说，功率力量仍然存在不同的表现形式。

当运动员的最大力量有一定基础后，应该将训练重心逐步转移到功率力量的训练上。功率力量的提高主要取决于单位时间内募集运动神经元能力的提高和参与工作的肌肉之间协调配合能力的改善。

三、反应力量

反应力量的产生主要是运动员利用了其肌肉和肌腱的弹性特性的潜力。当一块肌肉进行离心收缩时，就是肌肉在产生力量时动力性收缩引起了肌肉的拉长，它在"储存"能量。例如，一名运动员从跳箱上跳下落在地面，然后又向上弹跳起来，这时运动员的动作从一个离心收缩转到了向心收缩。

肌肉和肌腱的这种能量储存类似于牵拉一条橡胶带，随着牵拉，橡胶带变得更长并储存了能量，如果立即放开橡胶带，它就非常快速、几乎是爆发性地释放出储存的能量，并回复到它的正常长度；如果长时间不放开"橡胶带"，储存的能量就会丢失，这个过程叫做"拉长-缩短周期"，也被简单地称为SSC。拉长-缩短周期，说明了肌肉和肌腱在经过离心牵拉的非常短的时间之后，具有能够产生很强向心力量的能力。这些很强的向心力量被称为反应力量。反应力量以时间为界可以细分为"长程式"与"短程式"，分界的时间不同学者有不同的观点，但集中在0.15秒~0.20秒之间。

与最大力量和功率力量不同，反应力量具有3个特殊的机制。

• 能量储存：当肌肉受到牵拉时储存了能量（离心阶段）。

- 间隔时间：在牵拉即将结束、收缩即将开始（缓冲阶段）。
- 反射活动：使肌肉在缩短时快速重新获得能量（向心阶段）。

这3个阶段是一个整体，SSC不是离心收缩和向心收缩的简单叠加，因此训练中不能将离心力量与向心力量分开独立进行练习。缓冲时间是反应力量训练的关键缓冲越短，肌肉向心收缩的力量越大、越具有爆发性

反应力量是力量的一个独立方面，往往不能通过最大力量或功率力量的训练而自动地得到提高，但它是"爆发力"项目中取得良好成绩的关键因素。

四、力量耐力

肌肉以静力性或在对抗大于30％1RM负荷的动力性工作过程中抵抗疲劳的能力被称为力量耐力，德国学者将力量耐力细分为"最大力量耐力""次最大力量耐力"和"有氧力量耐力"，人们可以根据专项特点选择负重，重点发展该力量负荷区域的耐力，解决了长期以来力量耐力训练中选择适宜负重重量的问题。力量耐力是动作力量和持续时间的结合体，如中长跑、球类运动及持续时间较长的专项素质练习，都可被视作"力量耐力"。

大强度、低次数的重复练习是发展运动员最大力量的最佳方法；而力量耐力的发展则应采用低强度、高重复次数的练习。发展功率力量时，可采用适宜负荷快速重复练习的方式进行训练。可采用快速伸缩复合训练，即通过对运动员拉长—缩短周期的训练，来发展运动员的反应力量和功率力量。教练员可以把这些训练方法组合起来，形成一个整体的力量训练体系，针对于不同运动项目，选择合适的练习手段加以整合，指导运动员的训练。

五、快速伸缩复合训练

传统的力量训练容易让人想起大肌肉块和很重的体重，而相当一部分运动员对力量的需求则与传统观念相背离，需要运动员保持较轻体重的同时拥有强大的肌肉力量。这同力量训练的方法和模式无关，而同运动中身体、重力和地面间的交互作用有关。运动员力量训练的功能途径应该是多维度的，对运动员的训练设计要转化为运动水平的提高并伴随着到达高速度、高负荷活动时抗阻力状态的进步。

"快速伸缩复合训练"是将向心性力量训练与离心性力量训练相结合，提高运动员神经肌肉力量的训练手段。快速伸缩复合训练是动力性力量训练下的重要组成部分，由"超等长"训练发展而来，指对肌肉进行快速动力性负荷牵拉从而产生爆发性肌肉收缩的练习，即肌肉先进行离心收缩，再进行向心收缩完成动作，但离心收缩和向心收缩之间的转换要在尽可能短的时间内完成。这样拉长—缩短周期快速转换的练习可以使肌肉中的弹性成分和收缩成分都承受负荷，能有效地发展肌肉的反应力量、功率力量。

前苏联生物学家 Verkhoshansky 于 1968 年首先提出的"超等长"训练概念，也就是我们后来所说的"SSC"，虽然目前多种多样的快速伸缩复合训练方法被广泛应用，但最早的快速伸缩复合训练也只有跳深练习而已。20 世纪 70 年代，随着苏联运动员在国际性比赛场上崭露头角，人们逐渐开始关注这种跳跃训练。跳深练习作为典型的快速伸缩复合训练，它的迅速传播得益于前苏联跳高运动员 Talmark，赛场上屡获佳绩的他当时训练的跳深高度为 1.22 米。1975 年美国田径教练 Wilt 将这种练习方法带到美国，后被众多国家的教练员所借鉴。随着对快速伸缩复合训练研究的深入，其训练的实效性得到了教练员的广泛认可。

1984 年，"Ploymetrics Exercise"一词最早被运动生理学界引用到国内，并被译为"超等长训练"，后被有的人翻译为"增强式训练"，甚至一度被简单理解为"跳深"练习；在国际上有使用 Plyometrics 的，也有用 Ballistic Exercise 的，实际上都是一样的，Stretch Shortening cycle（SSC）是同一种训练方法。2011 年以后国内统一翻译为"快速伸缩复合训练"。

第二节　训练依据

力量训练是以关节为支点对抗阻力所进行的一定范围的运动。力量训练用途广泛，对运动员竞技能力提高、身体组成成分改善及延缓疲劳、预防损伤、促进健康等具有积极作用。

Gandevia S C（2001）研究得出，人类运动神经元和肌纤维的随意激活并未达到最大化，因而最大随意收缩力量也都低于实际的最大力量，人类肌肉疲劳不仅仅存在肌肉中，因为疲劳过程中中枢神经的变化对本体感受、姿势控制产生影响。

　　Trappe S 等（2004）研究发现，人类慢肌纤维和快肌纤维的爆发力差异较大，快肌纤维受抗阻训练的影响更大；抗阻训练之所以能保持整个肌肉的功能，其原因在于快肌纤维爆发力的保持，单根肌纤维亚型成分从慢肌到快肌的转化。

　　Carroll TJ（2006）等对"对侧力量训练效应"进行了研究，即身体一侧肢体完成力量训练练习，对对侧肢体力量的增长也有促进作用，这种效应通常发生在同源肌肉中，产生这种效应的机制可能是运动神经元输出功率的提高而非肌肉适应。

　　Folland JP（2007）等人认为，长期进行高强度抗阻训练使肌肉的神经学和形态学产生适应性变化进而能够明显地提高肌肉力量。肌肉的形态学适应是由于肌原纤维大小的变化和数量的增长所致的整块肌肉及单根肌纤维横截面积的增加，还包括肌纤维类型、肌肉结构、肌丝密度、结缔组织和肌腱结构的改变。神经学适应方面，肌肉间协调性的改变至关重要。

　　采用抗阻训练，可加强运动员对其肌肉力量及神经系统兴奋性的控制能力，通过神经学及形态学的变化提高运动员的肌肉力量。抗阻力量训练更多是用于运动员基础力量及最大力量的训练，要提高运动员的反应力量及功率力量，快速伸缩复合训练是目前公认最有效的训练方式。在进行快速伸缩复合训练前，运动员要有抗阻力量训练的基础，这对于训练、预防运动损伤具有重要意义。表 1 - 2 为肌肉不同工作方式的特点。

表 1 - 2　肌肉不同工作方式的特点

工作方式	肌肉工作方式的特点
向心收缩 （等张收缩或动力性收缩）	肌肉在产生张力时缩短
等长收缩 （静力性收缩）	肌肉在产生张力时长度不发生变化
等动收缩	肌肉在整个关节运动范围内，以恒定的速度进行最大收缩

工作方式	肌肉工作方式的特点
离心收缩 （退让性收缩）	肌肉在产生张力时长度被拉长
超等长收缩	肌肉先被迫迅速进行离心收缩， 紧接着迅速转为向心收缩，又称"拉长－缩短循环"

从生物科学的角度分析，神经对肌肉的支配能力首先表现在肌纤维的类型上，根据肌纤维的收缩力量与抗疲劳特征可分为 3 种类型：慢收缩肌纤维、快收缩肌纤维和中间型收缩肌纤维。慢收缩肌纤维收缩速度慢，产生的力量小，但具有较强的抗疲劳能力；快收缩肌纤维收缩速度快，产生的力量大、功率高，但容易疲劳；中间型收缩肌纤维是介于快与慢 2 种肌纤维之间的类型，其收缩速度、收缩力量和抗疲劳性均介于两者之间。肌纤维具有可塑性特点，可在力量训练的过程中进行转化，如果对它加以快速力量的训练，它就会向快肌转化；反之，则会逐渐向慢肌转化。肌纤维的这一双向"可塑性"对力量训练提出了更高的要求，教练员应根据运动员的竞技能力需要选择有效的训练手段。采用向心性力量训练可以提高运动员的肌肉力量和神经支配，促进肌纤维之间的转化。有研究指出，通过向心性力量训练提高运动神经元的放电频率；提高主动肌与对抗肌、协同肌、固定肌之间的协调能力，发挥更大的收缩力量；提高中枢神经系统兴奋性，从而提高运动员的力量水平。

当肌肉收缩时，肌原纤维内的肌动蛋白丝和肌球蛋白丝相对滑动。其滑动幅度可根据肌肉工作需要而定。肌肉收缩可表现为肌肉长度的变化，也可不发生变化。根据运动中肌肉收缩时的长度变化，可分为向心收缩，离心收缩和等长收缩。向心收缩过程中肌肉张力在肌肉开始收缩后即不再增加，直到收缩结束。离心收缩时肌肉在收缩产生张力的同时被拉长的收缩称为离心收缩。

离心性力量训练的应用不如向心性力量训练广泛，但在发展运动员肌肉力量方面具有更优异的效果，这主要表现在离心力量具有较大的收缩力量，可到到向心收缩的 1.4 倍甚至更高，可更加有效地提高运动员的力量能力，同时离心性力量训练还能较好地预防力量训练产生的肌肉延迟性酸疼。有研究表明，肌肉对离心力量训练的适应可以大大增强对肌肉的保护能力，可以减少运动所导致的肌肉损伤；离心力量训练可使肌肉在承担更大负荷时更坚韧；离心力量训练更有利于促进肌肉收缩蛋白的合成，而使肌肉更有力量。离心收缩的上述作用基于两种基本的作用机制。一方面，抗牵拉能力、伸展性、弹性较少受到破坏，最大限度地保持胶原组织的结构与功能。另一方面，肌肉对离心刺激引起的延迟性肌肉酸痛有良好的适应能力。德国专家认为，离心性力量练习后，在不增加肌肉重量的情况下就能够明显改善肌肉力量，这与肌肉内结构的适应有关。还有研究发现，离心性力量训练后产生的肌肉酸痛现象是肌原纤维和骨架蛋白重建的过程，是肌肉主动的、适应的表现。因此，定期地、有目的地安排离心性力量练习，对预防肌肉酸痛、提高运动员肌肉力量具有积极作用。此外还有研究表明，离心训练获得的力量与向心收缩所获得的力量相比，离心收缩训练所获得的力量不容易退化，可以保持更长的时间。

快速伸缩复合训练是将离心性力量训练与向心性力量训练相结合的一种力量训练方式，它将向心性力量训练与离心性力量训练的优点相结合。快速伸缩负荷训练不是向心收缩和离心收缩的简单叠加，而是使运动员先进行离心收缩，再进行向心收缩，在收缩的过程中要求肌肉的拉长－缩短在尽可能短的时间内转换，这利用了牵张反射的原理，对提高运动员神经支配肌肉能力有着良好的训练效果。肌肉由两种类型的肌纤维组成，即梭外肌与梭内肌。梭外肌纤维包含肌原纤维，能够收缩和舒张肌肉。梭内肌纤维称为肌梭，肌梭与梭外肌纤维平行排列。肌梭是肌肉中的张力感受器，当肌肉被拉长时，肌梭感受张力，反射性地引起肌肉收缩，当主动向心收缩和牵张反射收缩所产生的力量形成合力时，肌肉将产生更大的收缩力量。快速伸缩复合训练的核心是离心收缩与向心收缩的快速衔接，将二者视为一个有机的整体进行训练。缓冲越短、肌肉向心收缩的力量越大，功率力量也越大。缓冲时间是快速伸缩复合力量训练的关键，在快速伸缩复合训练中，离心收缩转换为向心收缩的这个过程被称做"拉长—缩短周期"，我们一般认为这个周期转换应在0.2秒左右完成，训练中应结合自身专项特点发展快速伸缩复合力量，将"快速"和"流畅"放在首位，如果拉长－缩短周期转换时间过长，那么这个动作就是普通力量练习而不是典型的快速伸缩复合训练。训练中常用的练习手段有单足跳、单双脚、跳深、击掌俯卧撑等。在训练的过程中应将注意力更多的放在关注肌肉拉长－缩短周期的转换上，而非练习的负荷强度。

快速伸缩复合训练与其他力量练习相比，更接近比赛时人体的运动形式，肌肉发力突然、技术结构相似、传递速度快，因而可得到更好的训练效果。在完成快速伸缩复合训练时，肌肉最终收缩力量的大小是由肌肉在离心收缩中被拉长的速度和长度所决定的，而且肌肉被拉长的速度比被拉长的长度更重要。（图 1 - 3）

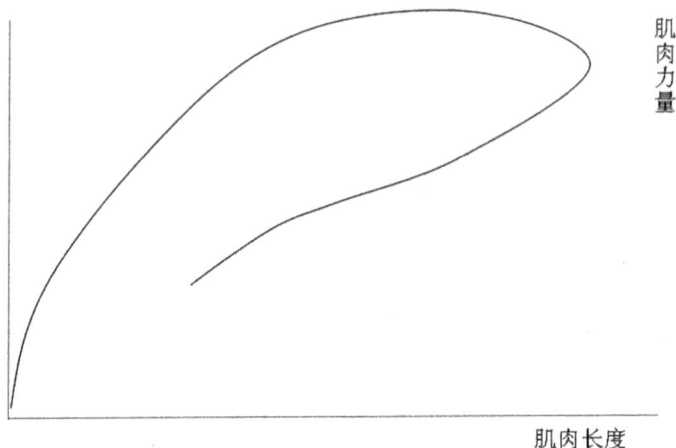

图 1-3　拉长－缩短周期肌肉力量与长度的关系

快速伸缩复合训练拉长—缩短周期的影响因素主要集中在练习时间、负荷量、负荷强度等。King 将拉长—缩短周期的影响因素列举如下。

- 离心收缩时肌肉被拉长速度。
- 向心收缩时肌肉缩短速度。
- 拉长－缩短周期的转换速度。
- 是否附加额外阻力。

所有肌肉的拉长、缩短以及拉长缩短周期转换的全部过程只在极短的时间内完成，这是评价快速伸缩复合训练是否有效的最重要因素。不同的动作形式缓冲时间不同，教练员应该把更多训练的重心放在适宜训练负荷的选择上。在负荷的选择时应注意与地面接触时间的最小化以及腾空时间的最大化。以跳深练习为例，选择最适宜的跳深高度才是最重要的，过高的高度将使拉长－缩短周期延长，影响再次起跳，而高度过低则无法刺激运动员的潜能，达不到相应的训练负荷，因此在进行快速伸缩复合训练时我们应为运动员选择适宜的练习负荷。负荷强度的大小直接影响动作完成的速率，适宜的负荷才能以最大的输出功率完成练习动作，使训练更加有效。

练习重复的次数及时间，选择合适的练习次数和持续时间也很重要。快速伸缩复合训练是训练神经对肌肉的控制，无需像健美运动员一样强迫完成规定的次数。快速伸缩复合训练需要运动员神经系统的高度兴奋，训练过程中需要运动员保证充沛的体力，避免疲劳产生，若在疲劳的状态下训练，将导致技术动作变形、拉长－缩短周期延长，不利于获得好的训练效果。

快速伸缩复合训练需要在运动员掌握正确技术动作的前提下进行，良好的技术动作将使训练过程事半功倍，同时避免运动损伤的产生。运动员在训练的初期可进行单次重复训练，着重对落地技术进行练习，在每次起跳落地后重新回归原位再次练习。随着运动员技术动作的掌握与体能水平的提高，可逐渐增加训练难度，如增加跳箱高度或进行连续跳跃，在进行连续跳跃前应在每一次跳跃之间纠正运动员的技术动作，使运动员掌握正确的动力定型，最终在没有停顿的情况下连续完成跳跃练习。

跳深练习是快速伸缩复合训练中最常用的手段，已广泛应用各种球类及田径训练项目训练中，但快速伸缩复合训练法的手段不局限于跳深练习，像实心球快速传接、击掌俯卧撑等练习都属于此训练方法。

"Depth jump"（跳深）和"Drop jump"（自由落下跳）都是跳深练习，不同的是 Depth jump 更加侧重跳深的高度，而 Drop jump 更加侧重膝关节被动弯曲的角度，两者都强调起跳的速度。多年来世界各国研究人员采用了 20 厘米~2 米的高度进行了大量的研究，jarver2000 认为跳深高度为 60 厘米时，运动员反弹跳起的高度和起跳时间呈最佳配比。

表1-3　跳深高度与跳起表现（依 Jess Jarver, 2000）

| 跳台高度/cm | 跳深 | | 跳起表现系数 |
	跳起高度/cm	起跳时间/s	（跳起高度/起跳时间）
30	36.2	0.145	250
45	37.3	0.144	259
60	41.2	0.143	288
75	39.4	0.157	251

　　Schweigert（2000）认为运动员一定高度上双腿或单腿自由落下，以单腿支撑而不做后继跳跃可以达到与跳深同样的效果，前提是膝关节角度不要变化，尽量保持笔直，落地支撑后并不起跳，但心理上要有起跳的准备，发展腿部离心收缩的力量。

　　Newton 等（2001）认为落地缓冲的时间应该在 0.125～0.18 秒之间，这样更接近专项起跳时间。

　　Kerin 等（2002）人认为较低高度的跳深变换练习，如单脚跳＋单脚支撑＋单脚跳＋单脚支撑并配合摆臂可以形成组合训练更接近专项需要，不断变换跳深的高度、膝关节落地角度、落下地面的软硬、练习的组数和休息时间可以发展运动员持续性和最大离心收缩力量。

　　运动训练是一门科学与艺术高度结合的学科，高水平运动员训练的个体差异很大，训练依赖教练员的经验，但这种经验一定要建立在科学的基础上，在大家都采用同样的训练方法和手段时，不同的教练员在训练过程中对练习的目的不够清楚或者对运动员完成动作的要求不同，那么所获得的训练效果也会有很大的不同，甚至相反。

第三节　训练安排

　　力量训练首先要对人体施加适当的负荷刺激，神经系统对刺激做出响应，进而激活肌肉系统使肌肉产生收缩运动。没有负荷，力量训练的方法手段就没有任何意义，只有负荷、方法、手段结合在一起才能称之为力量训练。

为提高肌肉力量的能力，对人体运动系统（亦应包括神经系统）所实施的一系列专门性的生物改造称为力量训练方法。力量训练方法可依据不同的标准，分为多种类型，其中每一大类又可细分为若干具体的操作方法，如最大力量训练方法可分为大强度训练法、极限强度训练法、极限次数训练法、变换训练法等；电刺激训练法可分为直接电刺激和间接电刺激 2 种；振动力量训练法可分上下摆动式振动、上下垂直振动和组合多维振动。

Mcbride JM 等（2002）研究表明，不同负荷重量的深蹲跳练习可提高运动员的动作速度能力，其中肌肉活动中专门速度的变化起到了重要作用。

Stone MH 等（2003）主张，要提高跳跃功率输出，训练计划中提高最大力量应是最主要内容，力量训练的负荷范围 100% ~140%1RM。

Marin PJ（2010）研究发现，振动台不同的振动模式对爆发力增长的效果不相同，并且垂直振动较水平振动模式对爆发力的急性和慢性适应影响更为明显且保持时间更长，振动训练可作为促进肌肉力量发展的方法手段之一，但其作用不可过分夸大，更不能以其完全替代其他力量训练方法。

为提高人体力量水平所采用的具体练习内容被称为力量训练手段，由练习的动力特征、动作构成和动作过程 3 方面构成，其中动力特征包括力的作用支点、大小、方向 3 种要素；动作构成包括动作姿势、轨迹、时间、速度、节奏等；动作过程有从动作的开始、进行到结束 3 个依次衔接的阶段所构成。由动作的动力要素、构成要素和过程要素的组合变化，可生成形式多样、目标各异、数量众多的力量训练手段。

力量训练中采用较多的训练方法是抗阻训练（主要包括自由重量训练、弹性抗阻训练、器械抗阻训练等）、振动训练、超等长训练等；常用的训练手段主要有各类单双脚蹲起练习、抓举、高翻、硬拉、卧推等；常用的训练器械有杠铃、哑铃、壶岭、实心球、战绳、高低栏架、跳箱、弹力带等。多种训练方法手段的组合训练，能更好地发展运动员的力量能力。传统的自由重量训练、快速伸缩复合训练、爆发式负重训练被誉为理论上最佳的 3 种抗阻训练模式。

力量训练应遵循以下顺序：先多关节后单关节，先大肌肉群后小肌肉群，先爆发性力量后一般性力量，先反应力量训练后力量耐力训练。（表 1 - 4）

表 1 - 4 　力量训练原则

	具体要求	训练原则
肌肉活动方式	向心、离心、静力性	全面性
参与活动关节	单、双侧肢体的单、多关节活动	顺序性
练习顺序	先大肌群后小肌群，先多关节后单关节；先大强度后小强度	超负荷
负荷变化	当某个负荷的练习重复次数超过既定重复次数 1 ~ 2 次后可按 2% ~ 10% 的幅度增加重量	
负荷安排	大运动量，多重复组次、中等速度的抗阻训练有利于肌肉肥大，但要发展爆发力需采用负荷轻、速度快、多组次，每个练习 3 ~ 5 组，组间休息 3 ~ 5 分钟的练习形式（下肢 60% 1RM，上肢 30% ~ 60% 1RM）；局部肌肉耐力训练采用轻中度负荷（40% ~ 60% RM）	适宜负荷、针对性、区别对待、从实际出发、专项化
计划制定	力量训练计划制定要考虑个体的训练目标、身体能力和训练状态	

　　生物学因素和生物力学因素对运动员的运动能力产生着广泛的影响，因而，教练员对此倍加关注。从生物学角度讲，肌肉的收缩形式、力量、神经通路灵活性等都对运动员运动过程中的协调性产生着影响，因此在运动员进行运动训练及竞赛前对神经肌肉系统进行激活则显得十分必要，热身后再根据本节训练课的目的，安排不同训练内容。同其他力量训练一样，当运动员进行快速伸缩复合训练时，应遵循训练的基本原则及顺序，这不仅保证训练过程的有序安全，更可以将训练效果最大化。（表 1 - 5）

表 1-5　快速伸缩复合训练原则

分类	强度	组数/次数	间隔时间	训练安排
1. 高度跳深 2. 多级跳（速度） 3. 多级跳（远度）	最大强度	2~4/4~6	6~10min	专项准备期/比赛期
1. 连续中等高度跳深 2. 单脚低高度跳深	次最大强度	2~4/4~6	4~6min	专项准备期
1. 原地单脚跳 2. 负重跳深	较大强度	4~6/10~20	3~5min	准备期/专项准备期
1. 低高度跳箱跳深 2. 单脚跳栏架	中等强度			
1. 垂直向上多级跳 2. 实心球抛投 3. 单足跳	低强度			

　　快速伸缩复合训练法应用较为普及，适用于各个项目不同运动水平的运动员，但高水平运动员受益更大，由于此方法对机体的刺激较为深刻，较少重复次数需要较多的间隔时间，过度训练带来的副作用要远胜于训练不足，在我国高水平运动员力量训练中，每周一般只安排 1~2 次。如果采用多个跳台进行练习，组与组之间的休息时间根据运动员的竞技状态和水平区别对待。

　　本章聚焦力量训练的基本要点，使运动员掌握基本技术要领，提高训练效果。

　　一节完整的力量训练课应包含以下 6 个部分。

　　（1）热身：基本练习（髋部灵活性、弓步走、爬行练习）；核心区域激活（腹部、背部）；模仿练习。

　　（2）动力性练习：反应力量训练（抓举、跳跃、投掷、起跑）。

　　（3）力量训练：多关节运动（深蹲、挺举、阻力冲刺跑）。

　　（4）单一动作运动：仰卧或坐姿运动（卧推、拉力器等）。

　　（5）灵活性练习：全身运动（灵敏性、拉伸、放松跑）。

（6）恢复再生：拉伸、灵活性练习、按摩、冷水浴。

一、准备活动部分

由于快速伸缩复合训练对运动员的身体姿态、平衡性、柔韧性、稳定性、灵活性等都提出了较高要求，因此在训练前应进行充分的准备活动。在一个完整的准备活动过程中，应包含一般准备活动与专项准备活动。一般准备活动用来升高运动员的体温，降低身体的粘滞性，同时还将升高运动员的血压，加快血流速度及新陈代谢的速度，确保运动员的运动系统可以满足接下来运动训练的要求。专项准备活动将通过一些动力性运动、模仿练习使身体处于最佳准备状态。

Young 和 Behm 在研究中指出，专项准备活动可以提高神经通道的灵活性，激活运动单元，并在生理和心理上为接下来的高强度运动训练及竞赛做好准备。拉伸方面，关于动态拉伸与被动拉伸的争论从未停止。早些时间，学者们一度认为被动拉伸是预防运动损伤的最有效方式，但相较于动态拉伸而言，它不仅不能更好地预防伤病，还会造成运动能力的下降。

以下列举了一般准备活动与专项模仿练习的构成。一般准备活动包括简单的走跑练习（垫步跳、弓步走、手足爬行）拉伸、核心区域激活（身体姿态保持、动力性激活）；专项准备活动包括模仿练习（多方位水平移动、轻重量模仿练习）与神经激活。总而言之，准备活动应包含简单的走、跑练习，以及拉伸、核心区域激活、模仿练习、神经激活等 5 个方面。（表 1-6）

表 1-6　一般准备活动内容

练习类型	练习内容	练习手段及要求
	动态拉伸	抱膝提踵；足跟抵臀，身体前倾；水平抬小腿；燕式平衡；相扑式深蹲
	弓步走	弓步水平摆臂；侧弓步；后交叉弓步；前弓步肘抵脚踝坐
	爬行	手足爬行
走、跑练习	垫步走	单足跳；跨步跳；垫步走
	侧向滑步	45°跨步

续表

练习类型	练习内容	练习手段及要求
	交叉步	连续交叉步转髋；后交叉弓步
	后退	后弓步转体
柔韧性		颈绕环；肩绕环；体转；腰绕环；膝绕环；踝绕环；摆腿
动作模仿练习	正向移动	走；垫步跳；加速跑；跑动技术
		后蹬跑：强调积极后蹬，膝关节提起，髋关节积极前伸
		团身跳：强调大腿前抬，足部向上提起，而非向后提起
		跑的节奏练习：快速跑与跨步的结合，强调动作的速率和节奏
	侧向移动	45°跨步：身体保持低重心，向斜前方45°跨步，Z字前进
		水平跨步：低重心左右跨步
	背向移动	后退跑：保持低重心姿态，身体前倾，采用小步幅、高频率的动作向后快速移动。保证安全的前提下，也可采用高重心高抬腿的方式做后退跑
		背向垫步走：身体面向前方做向后垫步走
		背向45°跨步：躯干保持面向前方，下肢向斜后方45°跨步，注意前腿蹬伸，后腿积极摆动
	拉	负重体前屈；直膝硬拉
	推	颈前；颈后推举
	蹲	过头举深蹲；负重弓步；45°弓步；侧弓步

　　准备活动的目的是使运动员在高强度训练前做好身体和心理上的准备。从一般的走、跑再到快速冲刺，准备活动负荷逐渐加大，随后通过一系列动态性模仿练习，使运动员的身心得到全面激活。在一般准备活动中，运动员常采用慢跑、后踢腿等低强度训练手段，而在专项准备活动中，运动员则更多采用后蹬跑、团身跳等更接近于专项动作的激活方式。一般准备活动的参与部位更多局限于膝、踝关节，而在我们的训练中，无论是跑、跳或是投掷，髋部才是力量的主要来源，简单的慢跑、后踢腿等无法对运动员的髋部进行激活，不利于建立良好的跑、跳

动作模式，这将阻碍运动员在运动中获得良好的运动能力。因此，教练员在选择专项准备活动手段时，应考虑到准备活动动作与专项的结合，思考哪些练习将有助于运动能力的提高，而哪些练习又会起着抑制的作用。

在进行一般准备活动后，应为运动员安排核心区域激活的训练，而核心区域激活是否充分不应单单从运动员的排汗量或体温判断。例如，一名运动员在训练前进行了充分的准备活动，随后他进行了 15 分钟的卧推训练，卧推后运动员为自己安排了深蹲、跳跃等练习。教练员应该注意，运动员进行下肢力量训练前应再次进行核心区域激活，即使此时运动员已经感到身体温暖，即使运动员之前的练习强度较高，但由于在之前的练习中，运动员采用的是仰卧姿势，其核心区域参与程度较低，核心区域温度下降，所以仍存在受伤隐患。因此，教练员在安排运动员的力量训练时，应时刻注意核心区域的激活与温度的保持，预防运动损伤。准备活动的安排应与每个训练单元的内容紧密联系，不同的训练课准备活动也不应千篇一律。

二、正式训练部分

正式训练部分要求强度高而紧凑。在安排训练内容与间歇时，应确保运动员体能恢复的同时依旧保持适宜的体温。

在非赛期，运动员的训练应在 1 小时左右完成，这其中还包括准备活动与恢复再生。根据不同的训练内容、组数及间歇安排，训练时间可以延长 15 ~ 20 分钟；对于快速伸缩复合训练、灵敏性训练、速度练习等要求较长间歇时间的训练项目，训练时间甚至可延长 1 小时。但是，从训练效果最优化的角度，应避免这种情况频繁出现。表 1 - 7 为训练时间安排示例。

最佳的训练安排应包括有效而充分的准备活动，与此同时，运动员在训练过程中应时刻注意保持核心区域的温度，避免运动损伤。训练后，运动员还应进行全面的恢复再生训练，对肌肉进行梳理拉伸，为保证下一次训练课的效果做好准备。以下为有效力量训练的几个要点。

（1）热身后应最先安排反应力量训练，如杠铃练习、跳跃、投掷、起跑等．

（2）反应力量训练后安排大肌肉群训练，如深蹲、卧推、硬拉等。

（3）大肌肉群训练后安排小肌肉群训练，如肱三头肌、肱二头肌等。

（4）训练的最后阶段进行灵活转化练习，如赤足放松跑、后退跑、大步跑等。

表1-7 训练时间安排示例 分钟

时间/分钟	力量房	田径场
0	动力性准备活动	动力性准备活动
5	核心区域训练	灵活性训练
12	力量训练模仿练习	专项模仿训练
20	反应力量及最大力量训练	快速伸缩复合训练、冲刺跑
45	灵活性或小肌肉群训练	灵敏性、灵活性练习
55	恢复再生	恢复再生

注：表中展示了一次训练课的训练安排，教练员应根据训练场地的不同，安排不同的训练内容。

在一次力量训练课中，尤其是训练时间十分紧迫时，选择较轻负荷的抗阻训练作为准备活动，可产生良好的效果。由于对训练时间的限制与训练效果最大化的考虑，在赛季前和赛季中选择大重量的提拉复合式训练，如高翻、抓举，将获得较好的收益，因为负荷强度高则相应的负荷量会减少，这可以对训练的时间进行有效的把控。每组训练之间可以安排3~4分钟的间歇，若训练时间和场地受限，则可以考虑如下的间歇方式：3名队员为一组，每名运动员完成一组练习后，由其他2名同伴调整杠铃重量，而后继续训练，这样可以保证每次都有一名运动员在训练，其余2人调整器械重量，3人形成一个循环。在辅助队友调整器械重量的同时，即也进行了训练中的间歇，如此还能保持运动员肌肉的兴奋性，这对力量训练的强度、负荷及间歇都是一个良好的保障。

无论教练员在训练中安排何种训练手段，都应注意举一反三，明确训练的要求，借助器械，丰富训练手段，不断给运动员带来新异刺激。

三、提高力量训练效果

无论是运动员还是教练员，通过训练提高竞技能力是不变的目标，如何才能获得更好的训练效果，则更是一个永恒的话题。共同的答案是：提高力量训练的效果。运动员们往往被灌输刻苦训练的思想，刻苦训练固然重要，但前提是要有足够的训练效果，才能使得运动员的训练事半功倍。

训练过程中，运动员应当铭记训练质量的重要性远大于训练的数量。此外，还应明确练习背后的原理及要求，科学地训练。只有将训练方法有效地搭配组合，才能获得最佳的训练效果。负重训练可以有效地提高最大力量，但对提高动作速度与爆发力效果有限；快速伸缩复合训练可以有效地提高动作速度、增加爆发力，但对最大力量的发展不足。

快速伸缩复合训练是一种通过机械撞击刺激、迫使肌肉产生尽可能大的肌张力的方法，是指一种在肌肉在离心收缩后快速地进行向心收缩的练习，旨在将肌肉先拉长后缩短，即拉长—缩短周期。如果拉长—缩短周期的转换阶段略微延长，哪怕只有几分之一秒，这个动作就将是普通跳跃而不是典型的快速伸缩复合训练。例如，运动员进行跳深训练时，每当他适应并完成当前的训练高度后，教练员便倾向于通过提升跳深高度或负重的方式来提高训练负荷的强度，此时教练员应注意，负荷强度的增加将延长运动员落地缓冲的时间，而快速伸缩负荷训练的初衷则是在最短的落地时间内获得最高的跳起高度，教练员的训练安排要遵循快速伸缩复合训练的原则。

缓冲时间是快速伸缩复合训练的关键，肌肉的缓冲即拉长—缩短周期之间的转换应在 0.2 秒内完成，训练应结合自身专项的特点发展快速伸缩复合力量，将"快速"和"流畅"放在首位，不应过于追求跳深的高度和跳跃的远度。有些跳跃练习的缓冲时间较长，脚与地面接触的时间远远超过 0.2 秒，由于肌肉是粘弹性体，过长的转换时间将导致肌肉因力松弛，丧失了希望储备的弹性势能，这不符合快速伸缩复合力量收缩的特性。此外，过大的训练负荷也使运动员面临更大的受伤风险。曾有研究指出，快速伸缩复合训练时，过长的落地时间极易造成前十字韧带和踝关节的损伤，阻碍运动员的长期发展。因此，在教练员安排训练负荷时，应结合运动员自身的情况，根据训练的需要选择适宜的负荷强度。

四、恢复再生部分

为了确保运动员的快速恢复，在训练课的结束部分，应选择轻松有效的方式对肌肉梳理拉伸，进行全面的恢复再生训练。恢复再生训练是指在训练后利用触点球、泡沫轴、按摩棒等小型器械，对肌肉、筋膜进行梳理放松，通过促进血液和淋巴回流，修复肌纤维的超微细结构损伤，并结合低负荷有氧运动、身体拉伸、水疗等方法，提高人体能量循环系统和免疫系统的工作能力，促使机体的疲劳和适应趋于动态平衡，促进运动员神经肌肉系统疲劳后的恢复。在恢复再生部分，运动员可采用肌筋膜梳理、拉伸、水疗等进行训练。

1. 低负荷有氧运动

低负荷有氧运动可以提高运动员的体温，促进血液循环，加速训练产生的体内废物的排出，有利于训练后的恢复。当运动员进行训练后低负荷有氧运动时，可采用简单的慢跑，也可以借鉴以下方法，既加速训练废物的排出，又可对运动员的灵活性进行训练。

（1）赤足运动：由于足底及踝关节有众多肌肉、骨骼、关节及韧带，进行低强度的赤足运动有利于辅助运动员的恢复。当运动员赤足时更易观察运动员足部的运动，从而纠正其落地动作。此外赤足时足底接触地面，地面对足底起按摩作用，可放松足底肌肉、筋膜，提高运动员的柔韧性。

（2）爬行训练：爬行训练动作简单，强度较低，动作幅度大，有利于提高髋关节周围的灵活性。

（3）后退跑：后退跑时要求运动员保持高重心、躯干正直，这样的练习有利于培养运动员奔跑时躯干的正确姿态，并通过反向的跑、跳练习，对运动员的腿部肌肉、韧带起放松作用。

2. 肌筋膜梳理

肌筋膜梳理是指在训练后通过使用触点球、泡沫轴、按摩棒等对肌肉进行按压、滚揉的方式，对粘滞的肌肉纤维进行梳理按摩，在降低肌筋膜粘滞性的同时可以预防"扳机点"的形成。筋膜包括浅筋膜和深筋膜，浅筋膜是指组织学上的皮下组织，包被全身各处；深筋膜由致密结缔组织构成，位于浅筋膜深层，包被四肢肌肉组织、血管和神经。肌筋膜能够为肌肉提供结构性支持，并包裹每一块肌肉，约束肌肉活动，分割肌群或肌群中的各块肌肉以减少肌肉间的摩擦。但由于剧烈运动会造成骨骼肌肌浆分子间的相互摩擦，使肌肉内的筋膜发生粘滞，阻碍运动员柔韧性发展，形成受伤隐患，因此，应该重视对筋膜的放松。

日常训练中我们常提到的"痛点"，在运动康复领域被称作"扳机点"，常见于疤痕组织、肌腱、韧带、脂肪垫、关节囊、骨膜或以上组织与肌肉的连接处。"扳机点"不会自行消失，最有效的治疗方法是借助外力对"扳机点"进行按压和滚动，直接刺激。现有研究认为，"扳机点"的形成是因为受损的肌原纤维内部持续积累代谢的废物，人体利用自我保护机制将伤口周围的肌肉收缩，从而将伤口隔离起来，这就形成了疤痕组织和僵硬的肌纤维束。这种疤痕组织和僵硬的肌纤维会限制运动强度的提升，并为更大的损伤埋下隐患。为了预防和缓解肌筋膜紧张，可以使用触点球、泡沫轴等器械通过按压和滚揉的方式，对肌筋膜进行梳理放松，这种方法通过由深到浅的梳理放松，能舒缓肌筋膜等软组织的疲劳紧张，促进血液和淋巴循环，加快新陈代谢中代谢废物的排出。

肌肉筋膜梳理放松的一般程序是先用触点球进行深层肌筋膜"扳机点"的按压，然后再使用泡沫轴和按摩棒对浅层肌肉筋膜梳理放松。触点球的使用可以分为"单球"和"花生球"（将两个触点球捆绑在一起）。单球可广泛用于对身体各部位的梳理，花生球主要应用于腰背部肌筋膜的梳理。因为足底穴位多是身体的反应区又是运动后最易疲劳酸痛的部位，所以触点球的使用顺序一般从足部开始。方法是单脚踩住球，施以可承受的力对全脚掌进行来回的按压式滚动，双脚依次交替进行，当触及痛点时，说明该位置出现筋膜粘连或结节，可增加用力幅度。按照人体解剖学的顺序，自下而上对肌肉筋膜进行梳理放松，对小腿后群肌、大腿前群肌、大腿后群肌、臀髋部、肩部、腰背部依次进行揉压，原则上尽量将身体重心放在按摩的一侧，躯体两侧部位交替进行，依次对全身肌肉进行充分的梳理放松。

泡沫轴是由密度较大的塑料材料制成的圆柱体器械，质量轻，硬度和耐性较好，弹性适中。触点球可对肌肉深层的筋膜结节点和穴位进行按压，泡沫轴则是对肌肉表层的筋膜和软组织进行按压和滚揉，有利于静脉血液和淋巴回流，促进体内代谢废物的排出。其使用的顺序及方法与触点球大致相同。

3. 拉　伸

运动后的拉伸是训练后恢复再生的常用手段，结合肌筋膜梳理的放松整理，缓解肌肉紧张，消除肌肉僵硬，增加关节活动的幅度。目前主流的有被动拉伸、主动拉伸与 PNF 拉伸 3 种拉伸方式，3 种方法在拉伸时采用的手法、强度不同，但都以缓解肌肉紧张、提高运动员柔韧性为主要目的。

● 被动拉伸：持续拉伸目标肌肉30秒以上，目前仍有部分运动员在准备活动阶段选择被动拉伸，但近期更多的研究成果证明，将被动拉伸安排在正式训练部分结束后的恢复再生部分将产生更好的效果。

● 主动拉伸：在弹力带或同伴的辅助下对目标肌肉进行拉伸，在每一次拉伸－放松后增加拉伸幅度，拉伸过程中注意对抗肌群的放松。

● PNF拉伸：第一步，由同伴辅助对目标肌肉进行被动拉伸10秒；第二步，同伴对运动员施加压力，运动员用力对抗使目标肌肉做等长收缩10秒；第三步，再次被动拉伸目标肌肉约30秒。如此运动员可进行1~2个循环。在每一次循环后运动员都会发现肌肉柔韧性提高，活动幅度增大。

恢复再生阶段的拉伸应安排在肌肉筋膜梳理放松后，对缓解肌肉紧张、消除肌肉僵硬、提高关节活动幅度具有积极作用。

4. 水疗法

水疗法包括热疗、冷冻疗法、冷热交替疗法。

热疗主要有桑拿浴、蒸汽浴，通过高温方式提高血流速度以提高新陈代谢速度，促进疲劳恢复。但热疗法在恢复再生训练中的运用并不如冷冻疗法广泛。

冷冻疗法有冰敷、冰按摩、冰水浴（水温低于15℃）。运动后冷疗对运动能力的影响涉及肌肉力量、速度、耐力和反应力量等方面。现有的研究表明，运动员在剧烈运动之后进行短暂的冷疗，能够减缓剧烈运动后出现的最大力量和反应力量的下降，冷疗降低机体的能量消耗以及皮肤、肌肉的温度，启动中枢调节机制降低热应力反应，可在一定程度上改善了运动能力。

高水平训练队运动员恢复训练多采用冷热交替疗法，以训练后冰敷或冷水、常温水交替浸泡为主（8℃~40℃），这种方法的作用是改变血流量、减轻肿胀炎症反应。冷热交替水疗法可加快肌酸激酶的清除速度，改善外周神经系统的功能，提高清除乳酸的速度，但冷疗的水温、时间教练员要有一定的要求，不能完全由运动员自己掌握。

正式训练部分后的恢复再生训练，会使运动员机体内部发生结构和生理上的一些变化。结构效应主要表现在提高身体组织的柔韧性、扩大关节活动范围、肌筋膜得到梳理放松；生理效应指的是神经系统、循环系统、细胞、肌肉及结缔组织产生的变化。

参考文献

［1］Gandevia S C. Spinal and supraspinal factors in human muscle fatigue［J］. Physiol Rev,2001,81(4):1725 - 1789.

［2］Trappe S. Human single mucle fibre function with 84 days bed - rest and resistance exercise［J］. Physiology,2004,557(2):503 - 513.

［3］Carroll T J. Contralateral effects of unilateral strength training:evidence and possible mechanisms［J］. Appl physiol,2006,101(5):1514 - 1522.

［4］Folland JP,Williams AG,The adaptations to strength training - morphological and neurological contributions to increased strength［J］. Sports Medicine,2007,37(2):145 - 168.

［5］Acsm. American College of sports Medicine position stand. Progression models in resistance training for healthy adults［J］. Med Sci sports Exerc,2009,41(3):687 - 708.

［6］David Kerin. Achieving strength gains specific to the demands of jumping events［J］. Track Coach;2002;5109.

［7］科米. 运动生物力学［M］. 北京:人民体育出版社,2004:109.

［8］西弗. 运动生物力学［M］. 北京:人民体育出版社,2004:129.

［9］Mcbride JM. The effect of heavy - VS - light load jump squats on the development of strength,power and speed［J］. J Strength Cond Res,2002,16(1):75 - 82.

［10］Stone MH. Power and maximum strength relationships during performance of dynamic and static weighted jumps［J］. Strength Cond Res,2003,17(1)140 - 147.

［11］Marin PJ,Rhea MR. Effects of vibration training on muscle power:a meta - analysis［J］. Strength Cond Res,2010,24(3):871 - 878.

Young W B,Behm D G. Should Static Stretching Be Used during a Warm - Up for Strength and Power Activities?［J］. Strength & Conditioning Journal,2002,24(6):33 - 37.

第二章 快速伸缩复合训练计划制订

力量训练方式的选择与训练过程的有效实施密切相关。教练员在制订、执行训练计划的过程中，应遵循力量训练的基本要求，这是运动员取得显著训练效果的先决条件。此外，定期对运动员进行力量评估可以对训练成果进行检验，使教练员时刻掌握运动员当前的训练状态，以便更加科学地执行训练过程。

日常训练中，教练员可通过对运动员身体姿态、平衡能力、灵活性以及稳定性的诊断，评价运动员技术动作的准确性。保证技术动作准确性的前提即是运动员对身体准确的控制。训练中教练员可观察以下几点评价运动员是否正确地控制了身体，包括：身体姿态是否标准；支撑腿能否有效地保持平衡；移动过程中能否良好地控制身体等。正确的身体控制将对训练过程产生积极影响。本章将基于力量训练的基本要求，从力量训练中的基本动作要领入手，指导运动员更加高效地训练。

第一节 基本动作要领

一、脚尖勾起

在脚尖勾起的动作中要求踝关节背屈并保持固定，落地时脚掌中部最先落地，随后向脚前掌滚动发力。在完成动作的过程中要求脚尖朝上并向上勾指向前进方向，足底朝向地面，并与地面平行，这样的姿态可以有效利用足底与地面接触时的牵张反射，使足底在与地面接触的最短的时间内获得最大的反作用力，从而获得更好的落地效果。运动员在训练过程中可采用赤脚的方式进行训练，当运动员

赤脚训练时，将自然出现脚尖勾起姿势。（图2-1）

二、提　膝

提膝动作要求运动员摆动腿的膝关节最大幅度前摆使髋关节获得最大幅度的伸展，尽可能拉大摆动腿与支撑腿的膝关节之间的距离。在评价运动员跑步过程中每一步的时效性与步长时，评价的指标是两膝之间的距离，而非两脚之间的距离。提膝动作有助于提高运动员奔跑时的步幅。（图2-2）

图2-1　脚尖勾起

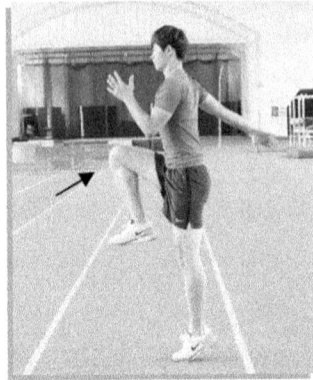

图2-2　提膝

三、伸　髋

当运动员练习提膝这一技术动作时，其髋关节也相应地大幅度伸展，同时支撑腿保持紧张，这将更有效地获得地面的反作用力。运动员应当明确，在完成动作时，各关节弯曲幅度越大，则蹬伸时间越长，将造成动作迟缓、步频降低，阻碍速度的提高。因此当足底与地面接触时，身体伸髋、高重心等的身体姿态，将减小髋关节屈曲角度，缩短蹬伸时间，这样的技术动作将会更加高效且经济。（图2-3）

图2-3　伸髋

四、足跟上提

图 2-4 足跟上提

足跟上提是通过减小摆动腿摆动半径的方式提高步频。提膝过程中足跟先向后提起，小腿再向前摆，这是完成足跟上提时的易犯错误。而正确的动作则是足跟上提、脚底面向地面，小腿在膝关节的带动下积极前伸下压形成扒地动作。根据人体功能解剖学，当做出提膝、脚尖勾起的动作时，将反射性地出现足跟上提动作，因此运动员只需将注意力集中在提膝与脚尖勾起这两个动作上，便可轻松实现足跟上提。注意，提膝过程中应注意足跟位于大腿中部下方。（图 2-4）

五、摆 臂

图 2-5 摆臂

摆臂的作用是力的传递和身体姿态的保持。根据牛顿第三运动定律：相互作用的两个物体之间的作用力和反作用力总是大小相等，方向相反，作用在同一条直线上。当运动员进行跳跃练习时，向上的动力与身体的重力相互作用，方向相反。在起跳时摆臂，有利于运动员在起跳和落地时保持身体处于适宜的姿态。此外，摆臂也将提供一个额外向上的力，使运动员获得更高的跳起高度。（图 2-5）

六、运动中的呼吸

运动员在运动过程中应时刻保持放松，以此来保持适当的身体姿态，尤其是头部与颈部稳定性。在运动中保持合理的呼吸方式将辅助运动员获得更好的运动能力。以下为运动中的呼吸要领。

呼吸的形式、时相、节奏等，必须适应技术动作的变换，必须随动作技术动作而进行自如的调整。这不仅可以提高动作质量，帮助运动员完成高难度技术动作，同时也能推迟疲劳的发生。

呼吸形式与技术动作的配合：呼吸的主要形式有胸式呼吸和腹式呼吸，运动时采用何种形式的呼吸，应根据有利于技术动作而又不妨碍正常呼吸为原则，灵活转换。需要肩带固定的运动项目如倒立、卧推等多采用腹式呼吸；而需要腹部固定的运动项目如仰卧起坐等则需要胸式呼吸。

呼吸时相与技术动作的配合：通常非周期性的运动要特别注意呼吸的时相，应以人体关节运动的解剖学特征与技术动作的结构特点为转移。一般在完成两臂前屈、外展、扩胸、提肩、展体或反弓动作时进行呼气比较顺当。

呼吸节奏与技术动作的配合：通常周期性的运动采用富有节奏的、混合型的呼吸，会使运动更加轻松和协调，更有利于创造出好的成绩。

合理正确地憋气方法是：憋气前吸气不要太深，结束憋气后应缓慢吐气，避免胸内压骤减。此外憋气应用于关键时刻，不必每一个动作、每一个过程都憋气，如胸前推实心球时，推球的刹那憋气即可。

七、落地技术

根据牵张反射原理，在跳跃后立即再次起跳往往比落地有明显停顿再起跳获得更高的腾起高度。运动员落地缓冲时间越短、拉长—缩短周期转换越快，那么获得的起跳力量也越大。所有快速伸缩复合训练都是依据牵张反射的原理对运动员进行训练。牵张反射指的是在肌肉被拉长的过程中，肌肉内的本体感受器——肌梭会反射性地引起肌肉收缩，从而使运动员获得更大的力量。快速伸缩复合训练将提高运动员神经对肌肉的控制能力，使肌肉在体积不变的前提下提高肌肉力量，是一种重要的力量训练方式。进行跳跃练习时，为了使练习满足快速伸缩复合训练的要求，运动员的缓冲需要在尽可能快的情况下完成，因此要求运动员在足底与地面接触前即已做好再次起跳的准备，而不是足底与地面接触后再做起跳动作。

八、足的落地方式

足落地的方式正确与否对运动员奔跑与起跳的实效性至关重要。为了获得更短的落地时间和更快的接触速度，运动员在落地时应保持踝关节适度紧张、脚尖勾起。最佳的落地方式是足部保持背屈，脚掌前2/3与地面接触。教练员可通过观察运动员踩在坚实、潮湿的沙地上留下的足印进行判断，最理想的印记应是前脚掌痕迹清晰，足跟部位印记模糊。当运动员在坚实的地面上高速奔跑时，应保持足部的中立位姿态，避免足跟与地面过多接触，减少足底弯曲、缩短足底与地面的接触时间，以获得更大的反作用力。

单纯地强调前脚掌落地很容易使运动员感到困惑，尤其对于青少年运动员而言，在没有明确的前脚掌落地技术概念时，奔跑中往往出现脚前掌戳地动作，而不是进行从前脚掌到脚尖的滚动发力。教练员应对运动员进行示讲解范并配合相应的专门性练习，使运动员理解技术原理后，对落地的正确姿势进行训练，使运动员在运动中形成动力定型，自然地做出前脚掌滚动发力的动作。

九、摆臂制动技术

在所有快速伸缩复合训练的跳跃练习中，运动员应该认识到摆臂对提高跳跃效果的积极影响。摆臂制动是指在运动员摆臂的过程中，摆臂至肩部高度时突然停止继续摆臂，躯干保持正直的身体姿态，使力量持续向上传递，提高跳起高度。而在运动员做提膝跳跃时，摆臂制动也起到了同样的作用。此外，如摆臂制动技术运用得当，可增加10%~12%的起跳力量。

十、随　挥

在涉及到上肢肌群的快速伸缩复合训练中，完成动作的过程中持续保持较大的力量与速度十分重要。如进行胸前推实心球、单手推沙袋等重复动作时，接反弹回来的球或沙袋时躯干应避免超过最大伸展幅度或弯曲角度，这保证了四肢处于一个适宜的预拉长状态，有利于在下一次重复中展现出更大的力量和反应力量。

第二节　训练步骤安排

在通常情况下，双侧肢体的练习难度较单侧肢体练习难度低，尤其是在平衡性与稳定性的练习中。同样，在运动中进行身体姿态保持、平衡性或稳定性的练习也要比原地练习复杂得多。在运动员练习的初级阶段应安排单次练习，每次重复时着重强调身体姿态及落地姿势的准确性，为接下来更高层次的练习奠定良好的基础。当运动员可以娴熟地完成一次技术动作后，便可安排连续重复的练习，但是要求每次重复之间留有短时间的停顿，每次停顿中教练员对运动员的身体姿态、落地技术进行检查与评价，纠正错误后再次重复，这样的停顿可以培养运动员提前做好再次起跳的准备姿势的意识，纠正落地后再做准备姿势的错误理念。这样的练习将培养运动员更好的落地技术，为连续重复的跳跃打下良好的基础。

运动员的训练内容安排应遵循由易到难、强度由低到高的过程。运动员训练的初级阶段应安排低强度练习；随着运动员能力的提升，可逐渐安排更高难度的练习。（图2－6）

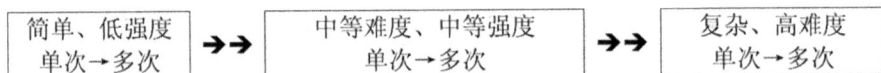

简单、低强度单次→多次	➡➡	中等难度、中等强度单次→多次	➡➡	复杂、高难度单次→多次

图2－6　动作弯曲着安排

以下为具体的训练步骤，教练员可根据运动员当前所处的训练阶段，选择安排合适的练习手段。

● 初级训练阶段将训练的重点集中在小腿与踝关节（直膝纵跳、直膝跑、垫步跳）。

● 中级训练阶段将训练目标由小腿与踝关节过渡到下肢整体的训练，训练时注意屈蹲起跳（团身跳、分腿跳、单腿跳台阶）。

● 高级训练阶段对躯干、髋关节、踝关节的反应力量提出更高要求，训练时更加强调缩短缓冲时间，选择高度专项化的训练手段（团身跳、单腿跳、跳栏架）。

● 在熟练掌握技术动作后应对运动员进行身体姿态控制的训练，使运动员的技术动作更加趋于完善。不同于关节力量训练多采用接触地面的方式，身体姿态训练更多是在肢体处于悬空状态下进行的。如在做伸髋、脚尖勾起、脚跟提起等动作时，都需要在摆臂的协调配合下完成，身体是一个有机整体，运动过程中力的作用是相互的，运动过程中保持正确的身体姿态尤为重要。

● 选择练习手段时，应遵循动作由简到难、强度由低到高的顺序进行选择。

● 跳跃练习安排时，应遵循先软地后硬地、先双腿后单腿、先幅度后速度、先一般后专项的练习顺序。

第三节　制订个性训练计划

运动训练是一门科学，也是一门艺术，只有遵照运动员的个体特点选择最适合的训练方法才能达到出最好的训练效果。不同训练变量的组合将获得不同的效果，同样的训练内容施加在不同的运动员身上，既有可能训练出一名世界冠军，也有可能只是一名运动爱好者。

在运动员的训练过程中应遵循区别对待原则。区别对待原则指的是，应该区别对待不同的专项、不同的运动员或不同的训练状态、不同的训练任务及不同的训练条件，区分性地组织安排各自相应的训练过程，选择相应的训练内容，遵守相应的训练负荷原则。针对训练中不同运动员的个体差异，实施区别对待，是运动训练应遵守的重要原则之一。运动训练的效应，会通过运动员机体的变化予以表现，而每一名运动员的心理和生理状况、形态、发育特点、技术智力水平等都各不相同，要想使训练工作取得理想效果，就必须考虑到运动员的个人特点，区别对待，有针对性地组织运动训练的过程。

运动员的个人特点，包括性别、年龄、训练年限、生理和心理特点、身体状况等，都对训练的安排提出了不同的要求。此外，同一名运动员的训练状态在不同阶段、不同时刻的表现，不同训练环境和训练条件等，也都对训练的内容和组织、实施提出了明显不同的要求。

一、重复次数

绝大部分快速伸缩复合训练可分为两类，单次重复与多次重复。单次重复练习要求每一次练习都达到最大强度。如运动员在完成起跳、投掷出手等动作时，要求爆发出最大力量。而多次重复，虽然同样对练习强度提出了要求，但把训练的重心更多地集中在运动员的反应力量、速度和协调性上，连续练习时，要求运动员通过高强度冲击地面获得反作用力进行连续起跳。进行较为复杂的快速伸缩复合训练时，同样需要单次与多次重复的方式，甚至需要第 3 种方式——落地→停顿→起跳，这样的重复方式更有利于运动员建立起正确的动作意识。

单次起跳练习要求运动员在每一次起跳和落地后进行自我检查，纠正身体姿态、平衡、稳定性、灵活性等，随后回归原位再次重复。随着运动员熟练地掌握技术动作，则可由单次重复练习逐渐升级为多次重复练习，但要求运动员在每次重复之间停顿，以便对身体姿态进行检查。起跳、落地、停顿、检查、重复，如此往复进行训练。随着练习的深入，每次重复间的停顿可逐渐缩短，直至取消，进行连续重复练习。停顿重复练习可发展为连续重复练习，前者是后者的先导。

快速伸缩复合训练的目的是提高运动员神经—肌肉的反应能力、反应力量和速度，以及培养正确的发力方式。运动员只有在采取正确技术动作的前提下，才会获得最佳的训练效果。如运动员的能力只足够完成 8 次重复，超过 8 次时出现疲劳、技术动作变形等现象，那么重复 8 次已经足够，在不良的身体状态下训练，不仅不能获得更好的训练效果，同时过度疲劳也极易导致运动损伤。一些教练在训练过程中强迫运动员完成大负荷量、低负荷强度的训练内容，这样的训练安排并不见得收获更好的训练效果，因为训练效果来源于负荷强度，而非负荷量。

在后文中我们会根据不同的运动项目，推荐练习内容及负荷安排，但教练员应当注意，我们所推荐的训练组数、重复次数以及间歇时间是基于在各级训练队中的执教经验以及前人文献的综述，这些重复次数及间歇时间并不是绝对的，运动训练过程中为了实现训练目标，教练员应根据运动员的实际情况灵活调整，贯彻个性化训练原则。

二、负荷量与负荷强度

通常情况下快速伸缩复合训练的组数与次数安排依据训练的类型、强度及复杂程度而定，训练的负荷也应反映出运动员当前的竞技能力水平。就快速伸缩复合训练而言，通常采用每组 8~12 次的重复方式进行训练，若训练复杂程度高、强度大，则重复次数较少，反之则重复次数多。在最适的练习组数方面诸多学者并没有形成统一的观点，但普遍认为重复 6 组左右将获得最佳效果，尤其是在进行强度更大的练习时，3~6 组的重复将产生更加卓越的训练成果。但无论如何，训练组数的选择应根据运动训练的复杂程度和负荷强度而定，训练的复杂程度高、负荷强度大则训练组数少，反之则可安排更多组数的训练。快速伸缩复合训练强度的提高可通过提高训练过程中练习的复杂程度、练习负荷的重量、跳深的高度、动作速度的加快等来实现。

俄罗斯学者 Verkhoshansky 曾指出，对于快速伸缩复合训练的效果而言，过多的重复次数与适当的重复次数相比并不具有显著性差异。而这种训练只有当运动员的身体条件与快速伸缩复合训练的方式相协调匹配的时候才会获得最佳的效果。此外，训练负荷量的安排不仅仅是依据训练的强度而定，同时还应根据运动员自身的状态和训练实施过程进行调整。（图 2-7）

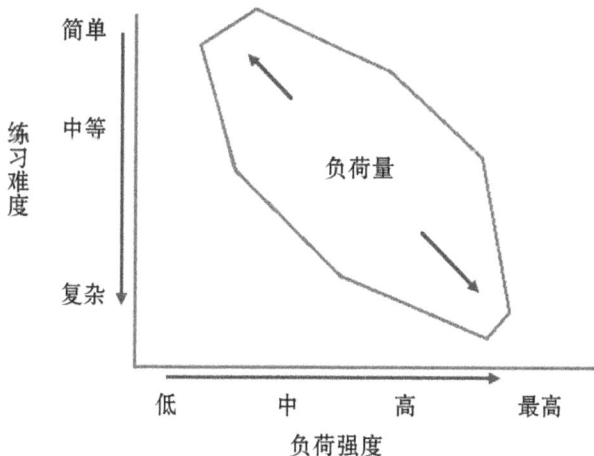

图 2-7　负荷量与负荷强度关系

三、动作速度与力量

在快速伸缩复合训练中，动作速度与动作力量是两个十分重要的因素，动作速度与动作力量相辅相成，呈正相关关系。在许多特定的项目中，动作速度对运动成绩的影响至关重要。例如，在铅球运动中，滑步的主要目的是使运动员获得一定的初速度并形成超越器械的姿态，从而获得更大的投掷力量，滑步速度和最后的出手速度越快，运动员所获得的投掷力量也越大，最终的投掷距离就越远。

四、间歇安排

良好的间歇安排是决定快速伸缩复合训练能否有效发展运动员肌肉力量及功率力量的关键。有研究指出，训练时间与间歇时间应按照 1∶5 或者 1∶10 的比例来确保训练质量，即 10 秒的练习对应的间歇时间应为 50～100 秒，这样的间歇安排将有利于运动员神经肌肉疲劳的恢复，同时也保证运动员肌肉、韧带的恢复，避免产生运动损伤。而具体的间歇时间安排则要取决于练习的负荷量与负荷强度。低强度练习安排较短间歇，30～60 秒即可；而当运动员承受较大负荷时，则需要安排 2～3 分钟的间歇。

表 2-1 周训练计划示例

星期一	星期二	星期三	星期四	星期五	星期六	星期天
准备活动			准备活动			
技术	准备活动		技术	准备活动		
力量	技术	准备活动	力量	技术	积极恢复	休息
速度	力量	速度耐力	速度	力量		
反应力量	恢复再生	恢复再生	反应力量	恢复再生		
恢复再生			恢复再生			

续表

星期一	星期二	星期三	星期四	星期五	星期六	星期天
准备活动 技术 反应力量 力量 速度 恢复再生	准备活动 技术 力量 恢复再生	积极恢复	准备活动 技术 速度 反应力量 恢复再生	准备活动 技术 力量 速度耐力 恢复再生	休息	准备活动 技术 速度耐力 恢复再生

竞赛期

星期一	星期二	星期三	星期四	星期五	星期六	星期天
准备活动 技术 力量 灵活性 恢复再生	准备活动 技术 速度 恢复再生	准备活动 技术 力量 速度 恢复再生	准备活动 技术 特殊恢复 恢复再生	准备活动 技术 反应力量 力量 速度 恢复再生	竞赛	休息
准备活动 技术 力量 速度耐力	准备活动 技术 速度 反应力量	准备活动 技术 特殊恢复	准备活动 技术 特殊恢复 恢复再生	竞赛	准备活动 技术 力量 恢复再生	休息

五、训练频率

　　训练频率指在一个训练周期中安排某一训练内容的次数。目前关于快速伸缩复合训练的训练频率还没有清晰定论，但目前大家普遍认可快速伸缩复合训练是一种高强度训练方式，每次训练之间应保持 48 ~ 72 小时的间隔，即每周安排 2 ~ 3 次较为适宜，以确保运动员机体的完全恢复，这样将对肌肉力量具有最佳的训练效果。只有当运动员充分休息后才能有效消除疲劳，在下一次快速伸缩复合训练中保持最高强度，确保拉长—缩短周期的最小化，提高训练质量。

由于各个运动专项对训练负荷要求不同，并受到训练频率与训练强度的相互制约，在制定训练计划时对训练负荷进行全盘考虑是十分重要的。Gametta 建议教练员在制定训练计划时制订一个指导大纲，当力量训练与其他跑、投等技术训练安排在一节训练课时，教练员应对各项训练任务的重要性进行排序。如本节训练课的首要目标是发展运动员的反应力量，那么快速伸缩复合训练应安排在一节训练课的前半部分，并赋予较大的负荷量。如本节训练课目标是发展运动员的力量及速度能力，则应将快速伸缩复合训练安排在速度或力量训练之后，并相应减少负荷量。此外，在制定周训练计划时，教练员应根据一周的训练安排制订快速伸缩复合训练方案。表 2 – 1 为 1 周训练计划的安排，供教练员参考。

六、专项化训练

为了提高运动员的竞技能力，对运动员进行专项化训练尤为重要，专项化运动的重要特征即是神经对肌肉的高度支配。一个技术动作的完成需要肌肉系统接受神经冲动，随后募集运动神经元，最后完成肌肉收缩，神经对肌肉的控制在肌肉运动中扮演了重要角色，可见在提高运动员竞技能力过程中对神经肌肉系统训练的重要性。在训练中采用模仿练习的方式对运动员进行本体感觉的训练，模仿练习时通过模仿他人的肌肉关节角度，培养运动员的空间定位能力，将更有利于运动员掌握正确的技术动作。

此外在运动训练过程中应注意保持肌肉间的协调配合。力量与速度的发展应是相互协调的，教练员在安排训练时应避免将二者割裂，相反地应将二者视为一个整体，共同发展，而力量与速度的协调发展也是运动员训练专项化的反映。

当对运动员的专项力量、速度、耐力训练时，可广泛地将快速伸缩复合训练应用于训练的各个阶段，但在不同的训练阶段，对运动员的技术动作、体能提出了不同要求，此外根据运动员的不同训练年限、训练阶段、训练目标也应选择不同的训练方法手段。在选择训练手段时，由于神经肌肉系统机能的提高需要一个逐渐适应的过程，因此应注意训练负荷的逐渐递增，避免在训练的初始阶段即施加较大负荷。随着运动员训练水平的提高，在训练基础力量后应逐渐对运动员的反应力量进行训练，快速伸缩复合训练作为反应力量的重要训练手段广泛应用于力量训练之中。

参考文献

［1］Kraemer WJ. Ratamess N A. Fundamentals of resistance training：progression and exercise prescription［J］Med Sci Sports Exerc,2004,36(4):674 - 688.

［2］全国体育院校教材委员会 . 运动生理学［M］. 北京：人民体育出版社,2002:279 - 280.

［3］田麦久 . 运动训练学［M］. 北京：人民体育出版社,2000:191 - 192.

［4］Bosco C,Komi P V. Mechanical characteristics and fiber composition of human leg extensor muscles［J］. European Journal of Applied Physiology & Occupational Physiology, 1979, 41 (4) : 275 - 284.

［5］Komi P V,Bosco C. Utilization of stored elastic energy in leg extensor muscles by men and women［J］. Medicine & Science in Sports,1978,10(4):261.

［6］Bobbert M F,Huijing P A,Gj V I S. Drop jumping. I. The influence of jumping technique on the biomechanics of jumping［J］. Medicine & Science in Sports & Exercise,1987,19(4):332.

第三章　力量评估

　　运动员运动能力提高的同时总是伴随着新的身体适应，评价运动能力是否提高需要一个可行的方法来测量。为了使快速伸缩复合训练达到最佳训练效果，教练员应该对运动员的年龄、健康水平、认知能力以及训练场地的安全性有一个良好的把握，确保所采用的练习方式适合运动员的身体条件，并保证训练过程的安全与高效。

第一节　训练前预评估

　　快速伸缩复合训练可以有效地提高运动员的运动能力吗？答案是肯定的。快速伸缩复合训练将有效地提高运动员的力量水平，但在制定训练计划前，最好对影响训练安全的因素进行观察与分析，对运动员的整体机能状态有较为全面的了解，确保他们可以安全地完成教练所制定的高强度训练计划，进而能力得到提高。

　　在开始一个为期 12 周的快速伸缩复合训练前，要求运动员已具备一定的训练基础。这包括充足的力量基础、良好的技术动作、对潜在受伤风险的认知、掌握训练后的恢复方法等。教练则应全面了解运动员的年龄、家族遗传、运动经历、健康状况及力量水平等。作为教练员，在对运动员进行能力评估的过程中应保持科学、严谨的态度，对运动员负责，发现快速伸缩复合训练过程中可能阻碍运动员竞技能力提升的限制性因素。

一、性　别

　　制定快速伸缩复合力量训练对于男女运动员并没有特别大的区别，女性运动员同样可以进行快速伸缩复合训练。但快速伸缩复合训练要求一定的运动基础，这对于男女运动员同样适用，快速伸缩复合训练对于运动员的技术水平、熟练程度、训练负荷强度都提出了较高要求。这一点对女性运动员尤为重要，女性运动员普遍较男性运动基础差，很多女性运动员没有接受过系统的力量训练，不具备良好的力量基础。因此，教练员必须在进行快速伸缩复合训练前提升运动员的基本力量素质，注意力量训练的互补性，这样才能获得较好的训练效果、避免运动损伤。

二、年　龄

运动员的生理年龄是一项重要指标。BoscoKomi 指出神经系统与骨骼系统的成熟度将影响运动员对快速伸缩复合训练的适应能力。由于处在生长发育阶段的运动员其骨骼及关节的发育还不完全，过早、过多地进行力量训练将导致运动员骨骼过早成熟或易造成运动损伤，不利于运动员长期的发展，因此青春期前的运动员应避免大强度的力量训练，不宜安排过多快速伸缩复合训练。

有研究指出 12～14 岁的运动员可以开始通过快速伸缩力量训练的方式提高他们的力量，为未来的运动竞赛与训练做准备。我们的观点是直到青少年进入青春期前都不适宜安排反应力量训练，这个年龄段的运动员首要的任务是为未来的高水平运动训练做好准备和衔接。建议 12～14 岁的青少年运动员仍采用低强度、小运动量的跳跃训练，强度低、冲击小可有效避免运动损伤的发生。教练员应在运动员身心成熟前根据不同素质的发展敏感期选择合适的练习手段，使运动员在协调性、灵敏性、掌握正确姿势等方面获得全面的发展。

随着运动员年龄的增长，神经系统的兴奋性降低，骨密度下降，关节、肌肉柔韧性下降，能量产生减少，这些都会导致快速伸缩复合训练对成年运动员的训练效果下降。另一方面，有研究表明人体的自然衰老只是导致运动员反应力量下降的一方面原因，耐力训练的增加（竞技能力的钳制作用，某种竞技能力的提升将导致另一种相反竞技能力的下降）、反应力量训练不足以及运动员的生活方式都将影响着成年运动员反应力量的保持。如今，越来越多成年运动员在强调大功率力量的运动项目中（田径、举重等）仍保持较高水平，这都证明持续安排适宜强度的快速伸缩复合训练是有利于大龄运动员反应力量保持的。

拥有良好的身体机能是从事高水平运动训练的前提，反应力量训练更是如此。

在训练前及训练过程中对运动员的身体机能进行实时监控是十分必要的，这其中包括体重及体成分、有氧能力、力量水平、灵活性等。

此外，运动员的伤病经历也会成为快速伸缩复合训练实施的限制性因素，如背部伤痛将阻碍运动员反应力量训练的实施，下肢伤病将降低落地的稳定性，增加受伤风险。因此在制定训练计划前应对运动员的受伤部位进行稳定性与平衡能力的测评，如运动员的伤病影响到落地稳定性，则应调整训练计划并对运动员受伤的部位进行康复训练。

表 3 - 1 为运动员训练准备对照表，根据对照表可以检验运动员是否适宜进行快速伸缩复合训练。

表 3 - 1　运动员训练准备对照表

适宜训练	• 足、踝、膝、髋关节无伤病
	• 髋关节具有较强灵活性
	• 躯干稳定性高
	• 瘦体重指数高
	• 运动训练理论基础好
不宜训练	• 足部与踝部存在伤病
	• 不良的身体结构
	• 运动训练理论基础不足
	• 不良的生活方式
	• 营养不良

三、个体化差异

竞技体育与大众体育存在不同，竞技体育的训练具有极大的个体化差异。不同运动员由于身体条件、训练周期、技术特点的不同，在制定训练计划时训练内容的选择与训练负荷的安排也不尽相同。作为教练员，应充分了解每名运动员的身体状态及特点，了解运动员的训练周期与既往伤病史，并对其优势及限制性因素有一个良好把握，在制定训练计划时因人而异，根据运动员的身体状态及技术特点合理安排训练内容，确保每名运动员训练成果的最大化；而运动员也应具备良好自我意识，做到与教练员积极沟通，实时反馈当前身体状态，为自身训练计划的制订提出建设性的建议。

三、训练水平

运动员的训练年限、运动经历等都对快速伸缩复合训练的实施产生影响，这样的影响甚至超过了运动员生理年龄的影响。如某些运动员具有良好的运动天赋，但他们并没有进行过专业系统化的训练，这样的运动员往往表现出运动能力好、天赋高，但专项技术欠缺的特点，当这些运动员长期进行高强度的运动竞赛或超出自身能力范围的训练强度时，他们则承担着更高的受伤风险。教练员应对运动员身体姿态、平衡、灵活性、稳定性等基础竞技能力进行评估，加强对技术动作的练习，保证运动员掌握正确的技术动作，避免运动伤病发生。

四、力量基础

良好的力量基础是快速伸缩复合训练有效实施的前提，教练员在安排快速伸缩复合训练前应对运动员的基础力量进行强化。基础力量训练时并不一定要大费周章，有研究认为在运动员进行跳深等高强度快速伸缩复合训练前，应具备深蹲起自身体重1.5～2倍的能力，这一标准在目前的训练中仍然适用。而在最近的研究中我们发现，跳深的能力与深蹲的基础力量之间存在联系，但关系较弱，无法用运动员深蹲的重量预测跳深的能力，但是深蹲仍可以作为训练运动员基础力量的有效手段穿插在训练之中，保障快速伸缩复合训练的有效进行。但是处于初级训练阶段的运动员并不适宜以上方式，他们应以补充性的抗阻训练为主，并选择低强度的快速伸缩复合练习，如跳小栏架、15～30厘米跳箱练习等；而对于具有一定力量训练基础的运动员，可安排中等强度的快速伸缩复合训练；对于成熟的、高水平、具有很强力量基础的运动员而言，可安排跳深等高水平快速伸缩复合练习，这需要对运动员的基础力量提出较高要求。将运动员确定为初级训练阶段、中级训练阶段、高级训练阶段，便可根据运动员的力量水平有的放矢地选择合适的训练计划了。

第二节 设计有效训练程序

一旦运动员与教练员了解了快速伸缩复合训练的基本原理，便可根据运动专项选择合适的力量训练方式。大部分运动技术是相通的，教练员便可根据技术动作迁移原理借鉴类似专项的训练方法。在后文中我们将提供上肢、核心及下肢的力量训练方式，这些训练方式适用于绝大部分运动项目，教练员可根据专项竞技能力的需要进行选择。

选择训练内容时，应遵循由易到难、由简到繁的规律，当运动员熟练掌握技术动作或运动能力提高后，教练员可为运动员安排更高难度的训练方式，但前提是运动员与教练员都对所安排的训练手段表示认可，应注意在安全的前提下选择最有效的训练方式。

一、训练步骤及方法选择

在体育运动中存在着多种多样的技术动作，一些技术动作简单，无需学习新的技术环节便可完成；而一些技术动作相对复杂，需要运动员反复练习。在快速伸缩复合训练中，由易到难的训练顺序适用于各个水平阶段的运动员，选择哪些训练手段应根据运动员的训练目标决定。

教练员应对人体解剖学具有基本的了解，这将有助于了解力量训练的原理以及身体环节的运动方式，了解肌肉运动之间的相互关系，为运动训练提供理论指导，提高训练的科学性。

二、训练目标肌肉群

本章及下文的 3 章将论述根据身体部位的不同，对力量训练方法进行的分类整理。身体被分为 3 个部位：上肢（胸、肩、肩带及手臂）、躯干（核心区域）、下肢（腿部与髋部）。但即便我们在训练的过程中将它们分为 3 个部分，我们也应时刻铭记人体是一个有机的整体，在人体运动的过程中，3 个部分是相互协作的，我们将人体力的传递方式称为动力链。

三、训练的专项化

快速伸缩复合训练具有广泛的实用性，它对人体的上肢、下肢及核心区域均可产生理想的训练效果，但由于不同训练手段的发力方向和发力方式不同，所达到的目标也就不同。以下肢为例，在跑步和跳跃过程中通过对地面施加垂直或水平方向的力，可对运动员垂直起跳或水平的加速能力进行训练。如篮球运动员针对篮板球拼抢能力进行训练，这对运动员垂直纵跳的高度及起跳速度提出了较高要求，此外又要求运动员具有连续快速起跳的能力，以备出现第一次没有夺得篮板球的情况。在训练过程中应对运动员着重安排跳深摸高、团身跳等垂直发力的练习，训练运动员垂直起跳力量；而当对运动员变向能力进行训练时，则可采用水平跨步跳、台阶蹬足上的方式训练水平移动的能力。设计快速伸缩复合训练时我们应当重视训练的专项化概念，对特定的技术动作进行分析，选择最合适的练习方式。

在发展运动员力量素质时，应做到以下几点。

● 结合快速伸缩复合训练提高运动员的力量素质，避免单一地采用最大力量训练法。

● 快速伸缩复合训练时对运动员施加较低的负荷强度，但要求最高的功率输出。

● 在发展运动员力量素质时应结合各自专项的特点，力量训练的同时完善专项技术。

四、训练程序及动力链

动力链指："体育运动中人体的神经肌肉骨骼系统依据力学原理和机制所构成的特定时间序列和空间排列的链条式关系"。也就是说，人体动力链的本质是用于描述具有某种内在联系的神经肌肉骨骼系统结构。"

大部分身体运动的初始力量均来源于腿部与髋部，无论是跑、跳、投等简单的动作或是像篮球变向过人等复杂的技术动作都是如此。通常情况下力量来源于腿部与髋部的屈伸，由下向上传导至身体的核心区域，核心区域通过屈伸、扭转等方式将力量传导至上肢，如胸部、肩部，最终传递至手臂，完成一个动作环节，这样的力量传导过程即为"动力链"。运动员身体各环节越好地配合、动力链传递的效果越完美，运动员的运动能力则越好。本书中我们在每一个身体练习中都对运动员的动作要求进行强调，期望运动员建立良好的用力顺序，提高运动能力。

以下肢练习为例，我们将腿部的力量训练归类为双脚跳、单脚跳、交换跳、垫步跳等四种训练方式。在每一类中，我们将训练难度和强度由低到高排列，教练员可根据训练目标的需要从表3－2中选择合适的训练方法及手段。

表3－2　快速伸缩复合训练强度参照表

低强度	中强度	高强度	最高强度
上肢力量训练			
跪姿对墙推实心球	站姿对墙推实心球	跪姿胸前推实心球	站姿胸前推实心球
推墙俯卧撑	跪姿推跳箱俯卧撑	下落俯卧撑	实心球俯卧撑
仰卧起坐投实心球	负重摆臂		
跪姿前抛实心球	上抛实心球	跳跃接后抛实心球	
仰卧单手投实心球	跪姿双手投实心球	上步双手投实心球	侧向双手投实心球
仰卧双手投实心球	站姿双手投实心球		
实力推	颈后挺举	颈前弓步挺举	
核心区域力量训练			
头上胯下传实心球	悬垂抛球	垂直摆体	
转体传递实心球（半程）	水平转体	杠铃转体	
转体传递实心球（全程）		转体抛球	俄罗斯转体抛球
前倾推拉	单杠挺髋	杠铃后推	杠铃挺髋
下肢力量训练			
原地直膝跳	团身跳	双交换腿跳	跳深
蹲跳	屈膝团身跳	台阶蹬足上	跳跳箱
跳跳箱	分腿跳	侧向蹬伸摆腿	跳深跳远
伸展跳	交换腿跳	快速跳箱跳远	连续跳深跳远

低强度	中强度	高强度	最高强度
下肢力量训练			
垫步跳	交换腿跳台阶	侧向跨台阶	水平侧向跨跳
直膝跑	双脚跳台阶		Z 形交换腿跳
		跨步跳	跳箱跨步跳
	分腿跳	交换腿跳	双交换腿跳
双脚跳栏架	双脚快速跳栏架		单腿侧向跳
升高式纵跳	单腿团身跳		斜坡跳跃
侧向双脚跳	侧向双脚跳接加速跑		
单腿跳栏架	单腿快速跳栏架	单腿 Z 形跳跃	
双脚快速跳台阶			

五、力量评估方法

教练员必须清楚在训练前和训练后对运动员进行评估的重要性，因为这不仅能够衡量运动员进步的快慢，还能为今后的训练提供方向。所有运动员在力量训练之前都应对身体姿态、平衡性、稳定性及柔韧性等方面进行评估测试。通过以下方式对力量进行评估，可全面评价运动员的力量水平，这样的评估将有助于教练员训练计划的制定，使教练员所安排的训练内容适合于运动员的当前水平。

- 过头举深蹲。
- 原地纵跳摸高。
- 跳深摸高。
- 足后伸单腿深蹲。
- 单腿纵跳。
- 单腿团身跳。
- 双手胸前推实心球。
- 双手头上投实心球。

- 后抛实心球。
- 立定跳远。
- 立定 3 级跳远。
- 2 单足跳＋跨步跳＋跳跃。
- 2 单足跳＋2 跨步跳＋跳跃。
- 2 单足跳＋2 跨步跳＋2 跳跃。
- 5 级蛙跳。
- 立定 5 级单足跳。
- 行进间 5 级单足跳。
- 5 步助跑跳远。
- 25 米优势腿单足跳。

当运动员提高训练难度后应再次进行力量评估，如果其中某一项指标测试不合格，则运动员应该将训练强度回归到上一水平，直到他可以满足训练的要求标准，才能再次提高训练强度。将训练前与训练过程中运动员力量评估的数据记录下来，进行对比分析，可对训练内容的有效性进行评价。此外教练员及运动员应在训练中积极沟通，根据运动员的身体状态随时调整训练计划，做到运动训练的计划性与及时调整相结合。

1. 过头举深蹲

双臂上举与肩同宽，肘部保持固定，双脚呈外八字展开。下蹲过程中要求躯干保持正直，杠铃杆始终位于头部上方，整个脚掌接触地面。（图 3－1）

测试过程中，如果杠铃杆无法始终保持在头部正上方，则表明运动员肩部灵活性不足；如果髋部无法弯曲达到膝关节以下，则髋部灵活性欠佳；如果足跟无法始终与地面保持接触，则踝关节灵活性需要加强。

这项练习可用于运动员的力量评估或训练，对发展运动员的身体姿态、平衡能力、肩、髋、踝灵活性等具有积极意义。

2. 原地纵跳摸高

摸高架下站立，双脚开立与肩同宽，屈膝半蹲，两臂后伸做起跳准备，蹬伸起跳，摸到本人所能触及的最高高度。记录原地纵跳摸高与站立摸高之间的差值。（图 3－2）

图 3-1 过头举深蹲

图 3-2 原地纵跳摸高

对运动员进行 3~5 次测试，记录最好一次成绩。这项测试可根据专项需要选择原地纵跳摸高或助跑摸高。

3. 跳深摸高

选择不同高度跳箱完成跳深摸高，触及或超过原地纵跳摸高时标记的高度。逐渐增加跳深高度，直到无法触及原地纵跳摸高高度。注意在每次试跳之间保持 1~2 分钟的间歇，以确保神经肌肉系统的恢复。（图 3-3）

这项测试将有效地评估运动员的弹跳能力，当跳深摸高与原地纵跳摸高高度一致时，使用这一高度跳箱进行快速伸缩复合训练将获得最大收益。目前已有大量研究证明，跳深高度在 60 厘米时对运动员的刺激最为深刻，但不同运动能力的运动员最佳练习高度也不尽相同。快速伸缩复合训练的最佳训练效果出现在肌肉中等程度预拉长时，最大幅度的预拉长并不意味着获得最大收益。

图 3-3 跳深摸高

4. 足后伸单腿深蹲

支撑腿整个脚掌接触地面，另一条腿屈膝向后抬起。躯干保持正直的前提下支撑腿屈膝缓慢降低重心，非支撑腿膝关节逐渐靠近地面。两腿交换重复相同动作，对比二者的完成质量。（图3-4）

这个测试可用于评估运动员髋部灵活性。屈蹲过程中观察运动员肩关节是否保持位于支撑腿上方；支撑腿的膝关节是否与脚尖保持在一条直线；非支撑腿膝关节能否在髋关节没有翻转的情况下触碰到地面。

图3-4　足后伸单腿深蹲

5. 单腿纵跳

以右腿支撑为例。躯干保持直立，左膝抬起与髋同高，脚尖勾起。原地单腿向上跳起，落地时单脚落地，整个脚掌接触地面。两腿交换重复相同动作，对比二者的完成质量。（图3-5）

这项测试通过对比运动员两条腿单腿纵跳的差值评价运动员的力量水平，并进行风险评估。落地时观察运动员能否在尽可能减小膝关节缓冲幅度的情况下保持身体平衡，以此评价运动员膝关节的稳定性。

图 3 - 5　单腿纵跳

6. 单腿团身跳

以右腿支撑为例。躯干保持直立，左膝抬起与髋同高，脚尖勾起。原地单腿向上跳起，跳跃过程中左腿保持不动，右腿向上提起达到左膝高度。落地时单脚落地，整个脚掌接触地面。两腿交换重复相同动作，对比二者的完成质量。（图3－6）

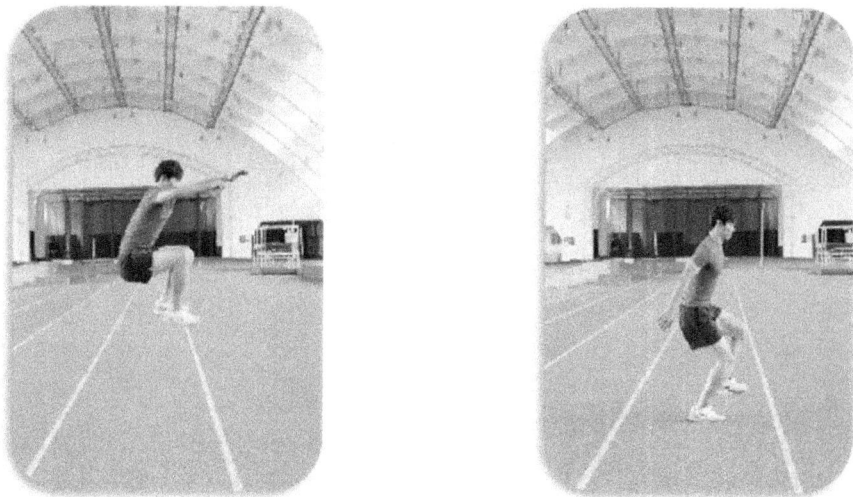

图 3-6 单腿团身跳

这项测试通过对比运动员两条腿单腿团身跳的质量评价运动员力量水平，并进行风险评估。落地时观察运动员能否在尽可能减小膝关节缓冲幅度的情况下保持身体平衡，以此评价运动员膝关节的稳定性。还可通过连续多次重复评价运动员技术动作的稳定性。

7. 双手胸前推实心球

双脚开立两膝微屈，双手持 2~5 千克实心球成胸前推球姿势，要求拇指向上，肘部自然下垂、靠近身体。双脚发力向前跳起，用最大力量将实心球推出。（图 3-7）

实心球被推出的距离可作为训练时实心球重量选择的依据。推出距离不足 9 米则说明实心球重量超出运动员能力范围，应选择较轻的实心球进行训练，反之则选择更大重量的实心球。选择适宜负荷重量器械对反应力量训练尤为重要——重量过大则动作速率下降；过小则不易感知到正确的力量输出过程，形成错误技术动作。

8. 站姿双手投实心球

双脚开立与肩同宽，手持 2~5 千克实心球于头部上方，两臂伸直。躯干后倾成满弓姿态，髋、胸、肩、肘、腕关节依次用力形成鞭打将球投出。（图 3-8）

图 3 - 7　双手胸前推实心球

图 3 - 8　站姿双手投实心球

这项测试结果同样可作为运动员训练时实心球重量选择的依据，适宜负荷重量器械的选择将有利于训练效果的最大化。

9. 后抛实心球

双脚平行开，屈膝成半蹲，背部挺直两臂自然下垂，双手持2～5千克实心球于两腿之间。双腿蹬伸同时躯干充分伸展，髋、肩、肘、腕关节依次发力将球向后抛出。（图3－9）

这项测试结果同样可作为运动员训练时实心球重量选择的依据，适宜负荷重量器械的选择将有利于训练效果的最大化。

图 3-9　后抛实心球

10. 立定跳远

　　双脚开立与肩同宽，躯干保持正直，屈膝下蹲同时两臂后引。双腿快速蹬伸，两臂积极前摆、展体、收腹、双腿前伸，落地后测量最近落地点与起跳线之间距离，以此评价运动员的反应力量及弹跳能力。

11. 立定三级跳远

　　立定三级跳远要求动作平稳流畅，减少重心起伏，起跳后支撑腿快速下压、蹬伸，摆动腿积极摆动，连续跨跳 3 步测量最近落地点与起跳线之间距离。立定三级跳远的第一跳为单足跳，第二跳为跨步跳，最后一跳展体、收腹，双腿积极前伸落地。这一动作要求适用于所有单足跳与跨步跳结合的跳跃练习。

　　——2 次单足跳 + 跨步跳 + 跳跃

　　双脚开立成预备姿势，起跳后连续做单足跳 2 次；在完成第 2 次单足跳后，另一条腿积极摆动做跨步跳；最后一跳展体、收腹，双腿积极前伸，同时落地。

——2 次单足跳 + 2 次跨步跳 + 跳跃

双脚开立成预备姿势，起跳后连续做单足跳 2 次；在完成第 2 次单足跳后，另一条腿快速摆动做跨步跳 2 次；最后一跳展体、收腹，双腿积极前伸，同时落地。

——2 次单足跳 + 2 次跨步跳 + 蛙跳 + 蛙跳

双脚开立成预备姿势，起跳后连续做单足跳 2 次；在完成第 2 次单足跳后，另一条腿快速摆动做跨步跳 2 次；倒数第二跳展体、收腹，双腿同时落地后迅速完成一次蛙跳，要求动作连贯，合理分配体力。

——5 级蛙跳

这一练习要求双脚始终开立与肩同宽，两臂配合下肢摆动，做连续不间断地蛙跳 5 次，完成动作过程中要求合理分配体力以保证动作良好的连续性。

——立定 5 级单足跳

立定 5 级单足跳要求动作平稳流畅，减少重心起伏，跳跃过程中支撑腿快速下压、蹬伸，做连续 5 次单足跳，最后一跳双脚落地，结束动作。

——行进间 5 级单足跳

这一练习不限制助跑距离。要求运动员助跑后连续完成五次单足跳，最后一跳双脚落地，结束动作。

——5 步助跑跳远

5 步助跑后由优势腿起跳完成最大跳远距离。这个练习除限制运动员只进行 5 步助跑外，其余要求全部遵循跳远比赛的规则及技术动作，每次评估进行 2 ~ 3 次试跳。

——25 米优势腿单足跳

这个练习要求动作平稳流畅，减少重心起伏，跳跃过程中支撑腿快速下压、蹬伸，由优势腿完成单足跳 25 米。

最后 10 个练习可统称为"跳跃十项测试"，它涉及到运动员的力量、速度、灵敏及协调等诸多方面，可以对运动员运动能力的薄弱环节进行检测，使教练员在安排训练内容时具有更强的针对性，此外，这也是探寻运动员反应力量训练最佳强度的有效方法。教练员在对运动员进行评估时可以采用全部 10 项进行测试，也可单独测试其中几项。这些练习不仅拥有良好的训练效果，又充满了娱乐性，更是监测运动员运动能力变化的一个标准化测验方法，有利于提高教练员制定训练计划的科学性。

  Watts，D. C. V 分别列举了精英跳跃运动员与普通健身爱好者在各个项目中最高水平与最低水平的参照数据（表3－3），最高水平多由世界级运动员创造，教练员可参照以下数据分析运动员的跳跃能力。

表3－3　跳跃十项测试水平参照表

	最高水平	最低水平
立定跳远	3.68 米	0.6 米
立定三级跳远	10.35 米	2.85 米
2 单足跳 + 跨步跳 + 跳跃	12.80 米	3.70 米
2 单足跳 + 2 跨步跳 + 跳跃	15.30 米	5.30 米
2 单足跳 + 2 跨步跳 + 2 跳跃	18.85 米	6.60 米
5 级蛙跳	16.80 米	6.00 米
立定 5 级单足跳	17.40 米	5.70 米
行进间 5 级单足跳	23.40 米	7.65 米
5 步助跑跳远	7.18 米	2.1 米
25 米优势腿单足跳	2.5 秒	8.8 秒

  追求运动能力的不断提高是运动员和教练员不懈努力的目标。随着运动员力量水平的提高，与此同时对运动员的技术动作也应进一步精雕细琢，技术与力量的训练不应割裂，二者协调发展才是运动能力提高的基础。

  在开始一个训练周期前，教练员应对运动员进行评估，随后通过合理的训练计划对运动员进行训练，提高运动员竞技能力。教练员应时刻掌握运动员运动能力变化，合理制定和调整训练计划，为运动员设立一个长久的规划目标，这对于运动员在长期系统的训练中取得成功具有重要意义。

参考文献

[1] Bobbert M F,Huijing P A,Gj V I S. Drop jumping. II. The influence of dropping height on the biomechanics of drop jumping[J]. Medicine & Science in Sports & Exercise,1987,19(4):339.

[2] Bosco C,Komi P V. Potentiation of the mechanical behavior of the human skeletal muscle through prestretching[J]. Acta Physiologica Scandinavica,1979,106(4):467.

[3] Costello F. Football:Using weight training and plyometrics to increase explosive power for football[J]. 1984,6(2):22 − 25.

[4] Robert U. Newton,Warren B. Young,William J. Kraemer,et al. Effects of drop jump height and technique on ground reaction force with possible implication for injury[J]. Sports Medicine Training & Rehabilitation,2001,10(2):83 − 93.

[5] Jacoby E,Fraley B. Complete Book of Jumps[J]. Human Kinetics,1995.

[6] Hewett T E,Myer G D,Ford K R,et al. Biomechanical measures of neuromuscular control and valgus loading of the knee predict anterior cruciate ligament injury risk in female athletes:a prospective study[J]. American Journal of Sports Medicine,2005,33(4):492.

[7] Hewett T E,Myer G D,Ford K R,et al. Preparticipation physical examination using a box drop vertical jump test in young athletes:the effects of puberty and sex[J]. Clinical Journal of Sport Medicine,2006,16(4):298 − 304.

[8] Radcliffe J C,Osternig L R. Effects on Performance of Variable Eccentric Loads During Depth Jumps[J]. Journal of Sport Rehabilitation,1995.

第二部分

快速伸缩复合训练手段

第四章　上肢练习

　　快速伸缩复合训练是一个全身性协调的训练，应根据力的传递方式对身体的每个环节进行训练。强有力的上肢动作其力量往往源自腿部的蹬伸与躯干的扭转，这些上肢动作包含着推、抛、投掷、击打等成分。

　　"抛"和"推"这些动作要求躯干及手臂的发力位于头部以下或前方。功能解剖学中指出，在完成"抛"的动作时躯干主要进行了摆动或扭转。而对于"推"而言，我们常把它定义为通过手臂用力的方式将器械从靠近身体的位置向远离身体的位置移动，例如篮球的胸前传球就是使用了推的动作。

　　"投"和"掷"的动作要求手臂在头部上方或越过头部完成动作，它比其他动作更加强调鞭打这一技术环节。"投"要求上肢起始于头部的一侧，发力后上肢越过头部将器械掷出一定距离。"投"的发力过程中，要求力量由下到上、由近及远，并在最后强调随挥动作，对用力顺序提出较高要求。

　　在很多体育运动中我们可以看到投掷的力量自下而上形成了良好的动力链，因此评价一次投掷的效果主要取决于运动员的手臂从支撑腿处传递而上、转化而成的动力势能的多少。动力势能通过支撑腿的制动经由髋部、肩部最终传递至手臂。投、拉、甩等都是基本的上肢运动，手臂的不同运动方式或动作要求形成了不同的动作模式，这对肢体主动肌收缩和拮抗肌舒张的协调性提出了一体化、连贯性的要求。

　　掌握正确的动作要求及身体同步化控制对于运动员运动成绩的提高是十分有益的，没有运用正确的用力顺序或缺乏身体核心区域力量传递的投掷都是失败的，错误的技术动作将导致多方面的问题，如投掷效果差、受伤风险增加等。

　　以下练习方式对提高运动员的功率力量具有积极的影响，在练习开始阶段应着重强调运动员髋部与肩部的伸展，掌握正确的技术动作后，再加上脚步移动及反应的练习。

一、跪姿对墙推实心球（图4-1）

【动作简介】

推球练习用于提高运动员上肢的功率力量，对增强肩关节稳定性、提高胸大肌和肱三头肌的功率力量、提升力量输出率具有积极意义。

【准备姿势】

距离墙壁1米左右跪姿于垫上，双手持2~5千克实心球于胸前，手臂微屈，两肘自然下垂。

图4-1　跪姿对墙推实心球

【动作要求】

背部挺直，腹部收紧，身体保持伸髋直立，用最大力量将实心球推出；接住反弹实心球，回归准备姿势，重复规定次数。注意在推接实心球过程中动作连贯，避免实心球在胸前停留。

二、跪姿胸前推实心球（图4-2）

【动作简介】

这个动作是跪姿对墙推实心球的进阶练习，更加强调推球过程中肩部与髋部的伸展，而非仅仅依靠手臂力量。

【准备姿势】

伸髋直立跪立于垫上，双手持 2 ~ 5 千克实心球于胸前，肘部自然下垂。

【动作要求】

躯干保持正直，身体前倾将力量依次传递给胸部、肩部及手臂，最后用力将球推出，推球过程中身体顺势前倒，双手撑地缓冲成跪姿俯卧撑姿势。这个练习可与同伴配合，两人面对面连续推球，推球后双手撑地迅速回归准备姿势接同伴的回传球。练习过程中要求保持正确身体姿态，背部挺直，推球时保持髋部伸展，运用到躯干力量。

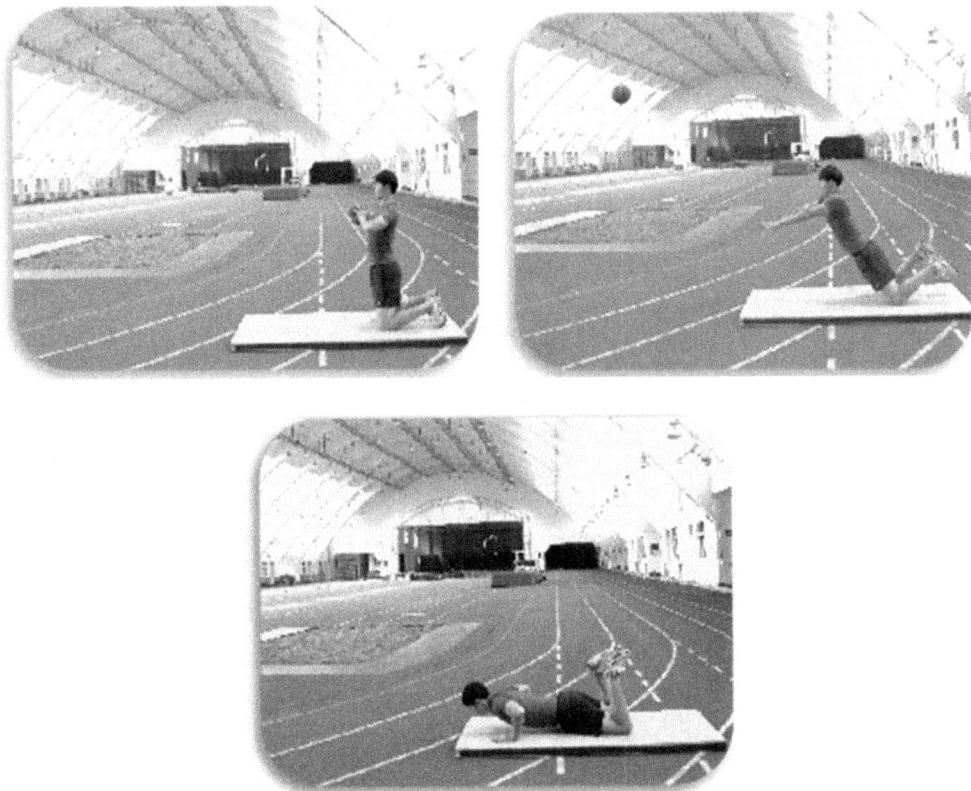

图 4 - 2　跪姿胸前推实心球

三、原地胸前推实心球（图4-3）

【动作简介】

推球练习用于提高运动员上肢的功率力量，对增强肩关节稳定性、提高胸大肌和肱三头肌的功率力量、提升力的产生速率具有积极意义。相较于跪姿，站姿推实心球距离更远，强度更大。

【准备姿势】

面向墙壁距离1米左右站立，双手持2~5千克实心球于胸前，手臂微屈，两肘自然下垂。

【动作要求】

背部挺直，腹部收紧，用最大力量讲实心球推出；接住反弹实心球，回归准备姿势，重复规定次数。注意在推接实心球过程中动作的连贯，避免实心球在胸前停留。

图4-3 原地胸前推实心球

四、双手胸前推实心球（图4-4）

【动作简介】

推球练习能提高上肢功率力量，对增强肩关节稳定性、提高胸大肌和肱三头肌的功率力量、提升力的产生速率具有积极意义。这是前3个推实心球练习的高级形式，距离最远，强度最大，对发展运动员的功率力量具有极好的训练效果。

【准备姿势】

双脚开立两膝微屈，双手持 2～5 千克实心球成胸前推球姿势，要求拇指向上，肘部自然下垂、靠近身体。

【动作要求】

背部挺直，腹部收紧，双脚发力向前跳起，用最大力量将实心球推出。这个练习对距离不设限制，与同伴面对面练习为宜。

图 4 - 4　双手胸前推实心球

五、仰卧起坐投实心球（图 4 - 5）

【动作简介】

在这个练习将发展运动员上肢及躯干功率力量，对大部分运动专项具有良好的训练效果。练习时使用 2～5 千克实心球，面向墙壁或同伴投出。

【准备姿势】

平躺于垫上，两腿屈膝并拢，双手持实心球于头顶。

【动作要求】

躯干抬起的同时将实心球投出，同伴接球顺势后倒完成仰卧起坐再次将球投出。发力时注意运用躯干力量，手臂放松伸展，避免过多参与用力。后倒缓冲时肩胛骨触垫躯干立即再次抬起。

图 4 - 5　仰卧起坐投实心球

六、上抛实心球（图 4 - 6）

【动作简介】

这个练习将有效发展运动员髋部与肩部力量。上抛实心球动作模式与抓举大体一致，但可以将实心球抛离身体，无需制动，发力更加完整。

【准备姿势】

双手持 2 ~ 5 千克实心球成半蹲姿势，背部挺直，目视前方。两臂自然下垂，将实心球置于两腿之间。

【动作要求】

屈膝下蹲过程中双腿迅速蹬伸，将实心球沿垂直方向尽可能高得抛出，实心球被抛起高度是评价训练效果的首要依据。实心球下落过程中顺势屈蹲接球，回归准备姿势，重复相同动作。注意在上抛实心球过程中为获得更高的抛球高度，腿部发力应先于手臂，形成超越器械。

图 4 - 6 上抛实心球

七、仰卧单手投实心球（图 4 - 7）

【动作简介】

这一练习对棒球、标枪等要求头上出手的动作有着良好训练效果，其训练部位不只局限于手臂，更是对全身力量的提高。

【准备姿势】

单手持 1 ~ 3 千克实心球平躺于垫上，膝关节弯曲，脚掌与地面接触。

【动作要求】

躯干抬起过程中投掷臂滞后形成超越器械，胸带臂形成鞭打将球投出。投掷臂完成动作过程中应以肩关节为轴，肘关节自然伸直避免过度弯曲。

图 4 - 7　仰卧单手投实心球

八、仰卧双手投实心球（图4-8）

【动作简介】

这一练习对棒球、标枪等要求头上出手的动作有着良好训练效果，其训练部位不只局限于手臂，更是对全身力量的提高。

【准备姿势】

双手持2~4千克实心球平躺于垫上，膝关节弯曲，脚掌与地面接触。

【动作要求】

躯干抬起过程中手臂滞后形成超越器械，胸带臂形成鞭打将球投出。

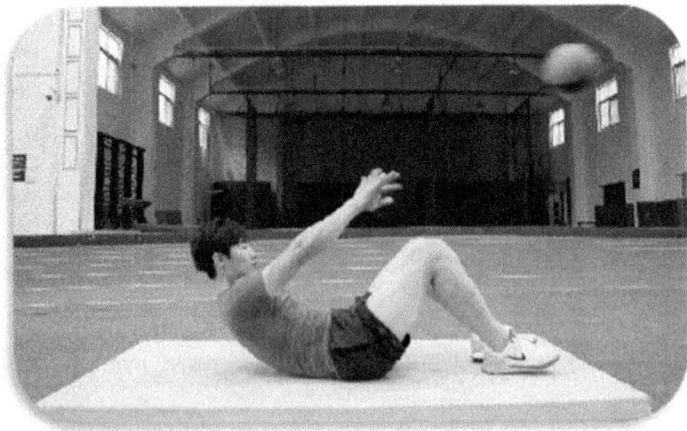

图 4 -8　仰卧双手投实心球

九、跪姿双手投实心球（图 4 -9）

【动作简介】

这个练习提高上肢功率力量，有助于增强肩关节的稳定性，强化胸带臂鞭打技术动作，提升力量的产生速率，对如标枪、棒球等要求头上出手动作具有很好的训练效果。

【准备姿势】

直立伸髋跪立于垫上，手臂后引，双手持 2 ~4 千克实心球于头后。

【动作要求】

身体前倒，髋、胸、肩、臂依次发力形成鞭打用最大力量将实心球投出。这个练习强调髋部领先形成超越器械以及躯干依次用力，对运动员掌握正确发力顺序具有良好训练效果。

图4-9 跪姿双手投实心球

十、站姿双手投实心球（图4-10）

【动作简介】

这个练习提高上肢功率力量，有助于增强肩关节的稳定性，强化胸带臂鞭打技术动作，提升力量的产生速率，对如标枪、棒球等要求头上出手动作具有很好的训练效果。

【准备姿势】

双脚开立与肩同宽，手持2～5千克实心球于头部上方，两臂伸直。

【动作要求】

动作要求同于跪姿双手投实心球。躯干后倾成满弓姿态，髋、胸、肩、肘、腕依次用力形成鞭打将球投出。这是髋部的鞭打练习，强调正确的用力顺序。

图 4 –10　站姿双手投实心球

十一、上步双手投实心球（图 4 –11）

【动作简介】

这个练习提高上肢功率力量，有助于增强肩关节的稳定性，强化胸带臂鞭打技术动作，提升力量的产生速率，对如标枪、棒球等要求头上出手动作具有很好的训练效果。

【准备姿势】

双手持 2 ~ 4 千克实心球成单腿直立姿势，挺胸抬头，手臂向上伸直。

【动作要求】

向投掷方向迈步，后腿蹬伸前腿支撑制动，手臂后引成满弓姿态，髋、胸、肩、肘、腕依次发力形成鞭打将球投出。

图 4 - 11　上步双手投实心球

十二、侧向双手投实心球（图 4 - 12）

【动作简介】

这个练习提高上肢功率力量，有助于增强肩关节的稳定性，强化胸带臂鞭打技术动作，培养正确的用力顺序，同时由于加大做功距离，形成更加充分的超越器械，提升力量产生速率，增加投掷力量。对如标枪、棒球等要求头上出手动作具有很好的训练效果。

【准备姿势】

侧对投掷方向，双脚开立与肩同宽，左膝伸直，右膝微屈，双手持实心球于身体右侧。

【动作要求】

右膝微屈，躯干扭转面向投掷方向，手臂后引成满弓姿态，髋、胸、肩、肘、腕依次发力形成鞭打将球投出。

图 4 –12　侧向双手投实心球

十三、接反弹球投实心球（图 4 –13）

【动作简介】

这一练习是典型的快速伸缩复合训练，接反弹球时肌肉被动拉长产生弹性势能，从而获得更大投掷力量。通过牵张反射原理对上肢进行训练，提高神经对肌肉的控制，在不增加肌肉体积的前提下提高肌肉力量。

【准备姿势】

伸髋直立跪于垫上，躯干保持正直，双手持2～4千克实心球于头后。

【动作要求】

面向墙壁做跪姿投实心球，接反弹球后躯干做退让性收缩，回归准备姿势重复相同动作将实心球投出。为了获得最佳练习效果，接反弹球时应尽可能保持相同姿态，以便形成肌肉记忆。

图4－13　接反弹球投实心球

十四、跪姿前抛实心球（图4－14）

【动作简介】

这个练习着重发展运动员髋部及肩部的功率力量，适用于快速摆脱静止、强调加速能力的运动项目。

【准备姿势】

双手持2～5千克实心球跪姿于垫上，躯干前倾，背部挺直，目视前方。

图 4 - 14　跪姿前抛实心球

【动作要求】

挺髋展体，将实心球快速向前抛出，抛球后双手前伸屈肘缓冲成跪姿俯卧撑姿势。练习过程中强调髋部与肩部发力，避免手臂过多参与。

十五、跳跃接前抛实心球

【动作简介】

结合跳跃与快速伸缩复合训练对运动员髋部功率力量进行训练。对于如短跑、跳远、篮球等强调快速启动及做出反应的项目具有积极意义。

【准备姿势】

采取半蹲姿势，手持 2~5 千克实心球于腰部，背部挺直，目视前方。

【动作要求】

向前跳跃 1~2 米后采用前抛实心球动作将球抛出。要求运动员跳跃过程中身体前倾做好前抛实心球准备姿势，足底接触地面后最短时间内将球抛出。这个练习方式多样，可根据专项竞技能力发展需要向任意方向跳跃。

十六、跳跃接后抛实心球

【动作简介】

结合跳跃与快速伸缩复合训练对运动员髋部功率力量进行训练。对于如短跑、跳远、篮球等强调快速启动及做出反应的项目具有积极意义。

【准备姿势】

采取半蹲姿势，手持 2~5 千克实心球于腰部，背部挺直，目视前方。

【动作要求】

向后跳跃 1~2 米后采用后抛实心球动作将球抛出。要求运动员跳跃过程中身体前倾做好后抛实心球准备姿势，足底接触地面后最短时间内将球抛出。这个练习方式多样，可根据专项竞技能力发展需要向任意方向跳跃。

十七、负重摆臂（图 4 –17）

【动作简介】

使用 2 ~ 5 千克哑铃做前后大幅度摆臂练习，对提高肩关节及手臂力量具有良好效果。

【准备姿势】

双脚开立与肩同宽，躯干保持正直，肩部放松，手持哑铃于体侧。

图 4 –17　负重摆臂

【动作要求】

摆臂过程中要求前摆达到头部高度，后摆达到水平，时刻注意检查前后摆动幅度。每组练习 20 ~ 30 次。根据不同项目的需要选择直臂摆动或曲臂摆动。

十八、单手哑铃抓举（图4-18）

【动作简介】

这个练习有利于提高全身协调用力能力，培养正确用力顺序，适用于大部分体育项目。

【准备姿势】

双脚开立与肩同宽，膝关节微屈背部保持挺直，单手持哑铃于体前。

【动作要求】

双腿蹬地髋部伸展提高身体重心，单手提铃至胸并上举过头顶，屈膝降低重心同时对侧手抬起保持身体平衡。屈肘回放哑铃至体前回归准备姿势，重复规定次数。

图4-18 单手哑铃抓举

十九、前推沙袋

【动作简介】

这个练习用于发展运动员躯干扭转的功率力量，适用于铁饼、铅球及橄榄球等体转发力的项目。

【准备姿势】

以右手推沙袋为例。面对沙袋双脚前后开立,左脚在前右脚在后,右手掌心向前位于胸部高度,肘部弯曲靠近身体。

【动作要求】

双脚原地保持不动,依靠腿部的蹬伸和躯干的扭转将沙袋以最快速度推离身体,发力过程中要求肩关节与肘关节完全伸展。沙袋回落时躯干扭转做退让性收缩使沙袋减速,沙袋回归起始位置前再次发力将沙袋推出。训练过程中注意保持相同身体姿态以便形成肌肉记忆。

二十、推墙俯卧撑(图 4 - 19)

【动作简介】

推墙俯卧撑是接下来高难度俯卧撑练习的一个引导,它对练习者的力量要求不高,适合初学者使用。

图 4 - 19   推墙俯卧撑

【准备姿势】

面向墙壁一臂距离站立。

【动作要求】

身体前倾手掌接触墙壁后屈肘缓冲成俯卧撑姿势，躯干即将贴近墙壁时双手用力推墙将身体推离墙面，回归初始站立姿势。

二十一、跪姿推跳箱俯卧撑（图4-20）

【动作简介】

这个练习接下高难度俯卧撑的引导练习，它对练习者的力量提出中等要求。

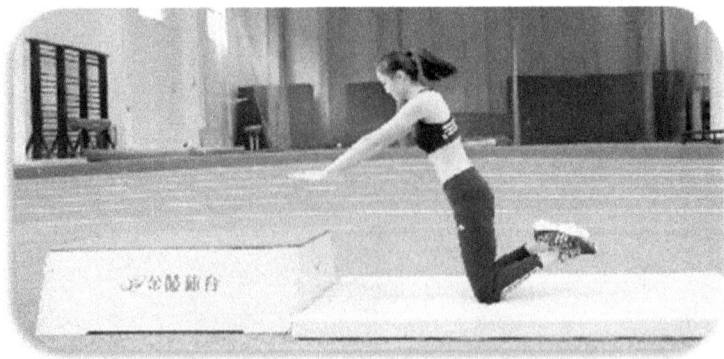

图 4-20 跪姿推跳箱俯卧撑

【准备姿势】

与跳箱一臂距离跪姿准备。

【动作要求】

身体前倾，手掌接触跳箱后屈肘缓冲成俯卧撑姿势，躯干即将贴近跳箱时双手用力将身体推离跳箱，回归准备姿势。练习时应注意躯干保持挺直，臀部不要抬起，双手发力将身体推离跳箱即可。

二十二、下落俯卧撑（图4-21）

【动作简介】

这个练习是典型的快速伸缩复合训练，对发展运动员的胸大肌、肱三头肌的功率力量具有良好的训练效果。

【准备姿势】

采用俯卧姿势身体保持正直，两臂分别置于两跳箱上。

【动作要求】

初级训练阶段双手从跳箱落下，下落过程中强迫手臂保持伸直，依靠肩部与肘部进行缓冲。运动员掌握正确技术动作后，下落过程中屈肘缓冲顺势做俯卧撑2~4次，俯卧撑过程中注意避免躯干接触地面。高级训练阶段要求落地做1次俯卧撑后双手爆发性用力将身体推离地面，双手回归跳箱之上。重复完成动作6~8次。

图 4-21 下落俯卧撑

二十三、单手撑实心球俯卧撑（图4-22）

【动作简介】

这个练习是典型的快速伸缩复合训练，对发展运动员的胸大肌、肱三头肌的功率力量具有良好的训练效果。同时由于一手撑球，发力环境不稳定，对运动员核心区域的稳定性进行训练。

【准备姿势】

以右手撑地为例，采用俯卧撑姿势身体保持正直，左手撑实心球，身体保持平衡。

【动作要求】

初级练习阶段原地练习，撑起过程中双手离地。随着运动能力提高，将身体向对侧推起，变成右手撑球左手撑地，双手依次撑球。

图 4 - 22　单手撑实心球俯卧撑

二十四、杠铃蹬摆（图 4 - 23）

【动作简介】

这个练习强调全身协调发力，对提高运动员全身的功率力量具有积极意义，适用于绝大部分体育项目。选择 30 ~ 40 千克杠铃为宜。

【准备姿势】

将杠铃一端固定于地面，运动员持杠铃末端于肩部，膝关节微屈，背部保持正直。

【动作要求】

将杠铃置于身体一侧，双腿积极蹬伸的同时手臂用力将杠铃推离身体至手臂伸直，随后屈肘、屈膝降低重心，杠铃落于身体另一侧，重复完成规定次数。

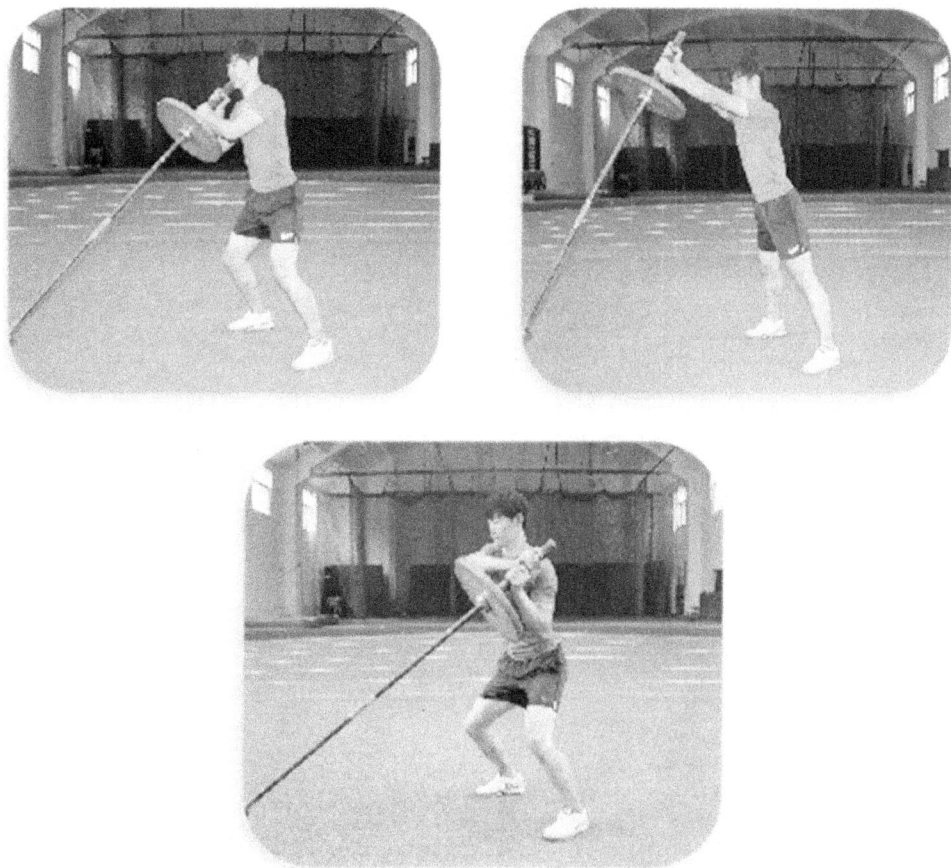

图4-23 杠铃蹬摆

二十五、颈后上推（图4-24）

【动作简介】

这个练习是发展运动员三角肌、肱三头肌等上肢肌肉力量的经典训练方法，也是后面高强度推举练习的基础力量训练。这个练习完全依靠上肢发力，下肢不参与发力。

【准备姿势】

双脚开立与肩同宽，躯干保持正直。将杠铃置于颈后肩部，双手全握杠铃杆（掌心向前，拇指环绕杠铃杆，其余四指压在拇指之上），略比肩宽。

【动作要求】

运动员躯干正直，躯干保持稳定，肩部发力，两臂垂直向上快速推起杠铃。这个练习可采用坐姿或站姿；根据练习幅度的大小选择杠铃或哑铃；也可根据训练部位的不同选择颈前实力推或颈后实力推。

图 4 –24　颈后上推

二十六、颈后挺举（图4-25）

【动作简介】

这个练习通过腿部蹬伸与双臂快速上推强化运动员的全身协调发力，对运动员的全身力量及肩部稳定性具有较好的训练效果。适用于绝大部分运动项目。

【准备姿势】

双脚开立与肩同宽，躯干保持正直。将杠铃置于颈后肩部，双手全握杠铃杆（掌心向前，拇指环绕杠铃杆，其余四指压在拇指之上），略比肩宽。

【动作要求】

屈膝下蹲，躯干保持正直，双腿蹬伸依靠肩部与手臂力量将杠铃快速推起。这个练习对提高运动员推举速度和肩部稳定性具有较好的训练效果，上举时要求肩胛骨收紧，肩部保持稳定。

图4-25 颈后挺举

二十七、颈前弓步挺举（图 4 –26）

【动作简介】

这个练习通过腿部蹬伸与双臂快速上推强化运动员的全身协调发力，对运动员的全身力量及肩部稳定性具有较好的训练效果。适用于绝大部分运动项目。

【准备姿势】

双脚开立与肩同宽，躯干保持正直。将杠铃置于颈前锁骨处，注意肘部向前与杠铃保持同一高度。

【动作要求】

双腿蹬伸跳起前后开立成弓步，前脚全脚掌接触地面，后脚前脚掌接触地面足跟提起，重心位于两腿之间。上推技术要领与挺举动作相同；再次起跳屈肘缓冲，杠铃及双脚回归原位，即完成一次。

图 4 - 26　颈前弓步挺举

二十八、下蹲挺举（图 4 - 27）

【动作简介】

这个练习通过腿部蹬伸与双臂快速上推强化运动员的全身协调发力，对运动员的全身力量及肩部稳定性具有较好的训练效果。适用于绝大部分运动项目。

【准备姿势】

双脚开立与肩同宽，躯干保持正直。将杠铃置于颈后肩部，双手全握杠铃杆（掌心向前，拇指环绕杠铃杆，其余四指压在拇指之上），略比肩宽。

【动作要求】

屈膝下蹲，躯干保持正直，双腿蹬伸依靠肩部与手臂力量将杠铃快速推起，上举过程中屈膝下蹲保持平衡，随后身体直立完成动作。这个练习对提高运动员推举速度和肩部稳定性具有较好的训练效果，上举时要求肩胛骨收紧，肩部保持稳定。

图 4 -27　下蹲挺举

二十九、跪姿抓举（图4-28）

【动作简介】

跪姿抓举屏蔽了发力过程中腿部参与用力，对运动员上肢力量的提高具有积极意义。这个动作有利于提高运动员全身协调发力，培养正确发力顺序，适用于绝大部分体育项目。选择30～40千克杠铃为宜。

【准备姿势】

双手持杠铃于体前，伸髋直立跪于垫上，背部保持正直。

【动作要求】

斜方肌发力、肘部迅速上提做提铃至胸，并上举过头顶，上举过程中伸出一条腿做弓步支撑，保持身体平衡。屈肘回放杠铃至体前回归预备姿势，重复规定次数。

图4-28 跪姿抓举

三十、弓步抓举（图 4 -29）

【动作简介】

这个练习用于发展运动员全身功率力量，抓举强调全身协调发力，有利于培养运动员正确用力顺序，弓步支撑的方式对下肢力量和稳定性提出了更高要求。这个练习适用于绝大部分体育项目。选择 40 ~60 千克杠铃为宜。

【准备姿势】

双脚开立与肩同宽，背部保持正直，双手持杠铃于体前。

【动作要求】

斜方肌发力、肘部迅速上提做提铃至胸，并上举过头顶。上举同时双腿跳起开立成弓步，保持身体平衡。屈肘回放杠铃至体前回归预备姿势，重复规定次数。

图 4 -29

第五章 核心区域练习

在很多体育项目中我们可以看到运动员依靠腿部的蹬伸和躯干的扭转获得力量。继续沿袭第三章动力链理论，让我们把研究的重点从上肢转移到核心区域。根据我们一般的定义，腰腹位于身体正中，我们曾一度认为这里就是人体的核心区域，其实严格来讲，人体的核心区域指肩关节以下到髋关节以上，包括内外深层的所有肌群，核心区域不仅包含腰腹，更包含人体的整个躯干。核心区域具有力量传递、稳定核心柱的作用，因此对他的力量训练应引起我们充足的重视。训练中我们多采用抗阻训练和静态支撑等方式。躯干主要依靠摆动、扭转及鞭打获得力量。（1）摆动：摆动是指躯干进行水平或垂直方向的移动。摆动过程中，核心区域肌肉工作的同时四肢参与活动起辅助作用。（2）扭转：扭转是指躯干的转动，扭转的过程中，核心区域肌肉作为主要的发力环节，运动过程中足部固定，四肢参与活动较少。（3）鞭打：鞭打指最后发力过程中身体各个环节依次制动，形成最后用力。这一动作主要应用于从后向前发力的动作，如排球扣球、投掷标枪。

以下练习将发展运动员发力过程中身体扭转幅度以及爆发性力量。练习的初级阶段选择简单的练习方式，强调双脚固定、膝关节弯曲以及髋部的移动。运动员熟练掌握技术动作后，提高动作速度、增加动作难度以及躯体的活动幅度。

三十一、头上胯下传实心球（图5-1）

【动作简介】

这一练习通过身体的屈、伸建立正确的动作模式，为接下来的抛投练习做好准备。

【准备姿势】

手持 2 ~ 5 千克实心球，背对同伴双脚开立。

【动作要求】

保持整个脚掌接触地面，身体后仰将球在头上方传递给同伴，同伴接球后屈体将球从胯下传回。头上传球与胯下传球一次算作一个循环，完成 10 ~ 15 个循环后两人互换传球方式。

图 5 -1　头上胯下传实心球

三十二、水平转体（图 5 -2）

【动作简介】

这个练习对发展腹外斜肌力量具有积极作用，适用于棒球、高尔夫、羽毛球、铁饼等转体发力项目。

【准备姿势】

双脚平行开立与肩同宽，双手握持 6 ~ 10 千克哑铃于胸部高度，手臂自然伸直。

【动作要求】

膝关节微屈固定，双手持哑铃向身体一侧转体，手臂自然伸直，对侧肩部与腹部发力使身体向另一侧转体。练习过程中注意腹部发力制动克服惯性，使身体还未完全扭转到最大幅度前向对侧转体。动作熟练后可加快转体速度或依靠腿部蹬伸加速转体。

图5-2 水平转体

三十三、垂直摆体（图5-3）

【动作简介】

这个练习可用于发展腿部及背部伸展力量，适用于游泳、排球、举重等项目。

【准备姿势】

屈膝成半蹲姿势，两臂自然伸直，握持7～12千克哑铃于两腿之间，背部挺直，目视前方。

【动作要求】

手臂自然伸直，两腿蹬伸展体向上跳起同时摆动哑铃，当哑铃即将摆动至身体最高处，制动向相反方向用力，使哑铃下落回归起始位置。初级训练阶段体会躯干发力，不做起跳动作；熟练掌握技术动作后，向上跳起，双脚离地身体完全伸展。

图 5-3　垂直摆体

三十四、悬垂抛球（图 5-4）

【动作简介】

悬垂抛球练习需要单杠一副及 2~5 千克实心球一个。这个练习要求全身协调发力，并对运动员髂腰肌力量和身体在悬空条件下发力能力提出较高要求。适用于体操、足球、跆拳道等项目。

【准备姿势】

运动员双手握持单杠双脚离地，同伴在 3~5 米远位置向运动员轻轻滚动实心球。

【动作要求】

同伴将实心球滚向运动员，运动员双脚触及实心球时，依照悬垂举腿动作将球抛回。抛球过程中注意膝关节伸直，髋部发力。

图 5 - 4 悬垂抛球

三十五、立卧撑（图 5 - 5）

【动作简介】

立卧撑可以有效发展运动员的核心区域力量，在双腿蹬收过程中完成肌肉的拉长与缩短，有效发展运动员髂腰肌力量。

【准备姿势】

两臂伸直伏于地面，身体保持正直。

【动作要求】

双腿同时做提膝动作，双脚落地后快速蹬伸起跳达到最高高度，落地后双手支撑地面，两腿迅速后蹬回归初始姿势，重复相同动作完成规定次数。

图 5 - 5 立卧撑

三十六、转体传递实心球（半程）（图 5 - 6）

【动作简介】

这个练习着重培养运动员正确的技术动作以及在转体过程中保持良好的稳定性。

【准备姿势】

双脚开立与肩同宽，手持 2 ~ 5 千克实心球与同伴半步距离背对背站立。

【动作要求】

二人背对背转体传递实心球，传递过程中要求双脚整个脚掌固定地面，依靠躯干的扭转进行转体，传递实心球。

图 5 - 6　转体传递实心球（半程）

三十七、转体传递实心球（全程）（图 5 - 7）

【动作简介】

这个练习着重培养运动员正确的技术动作以及在转体过程中保持良好的稳定性。

【准备姿势】

双脚开立与肩同宽，手持 2～5 千克实心球与同伴半步距离背对背站立。

【动作要求】

2 人背对背转体传递实心球，传递过程中要求双脚整个脚掌固定地面，依靠躯干的扭转进行转体，传递实心球。由于 2 人之间距离延长，要求增加身体扭转的幅度。

图5-7 转体传递实心球

三十八、杠铃转体（图5-8）

【动作简介】

杠铃转体可有效发展运动员躯干稳定性和腹外斜肌力量，并有利于建立正确的转体技术动作。这个练习对田径、高尔夫、棒球等项目具有良好的训练效果。

【准备姿势】

肩负10～20千克杠铃，双手握住杠铃两端以确保安全。双脚开立略比肩宽，躯干直立，膝关节微屈。

【动作要求】

躯干发力向身体一侧转体，转体过程中肩部与手臂避免过多参与用力。当转体即将达到最大幅度时向相反方向用力转体。练习过程中注意屈膝躯干保持正直，依靠躯干力量完成转体并克服杠铃惯性。动作熟练及躯干力量加强后可加快转体速度或增加杠铃重量。

图5-8 杠铃转体

三十九、转体抛球（图5-9）

【动作简介】

转体抛球可用于强化运动员躯干的功率力量，发展运动员身体扭转力量和动作稳定性。适用于投掷和游泳等项目，选择3～5千克实心球为宜。

【准备姿势】

侧对同伴站立，将实心球置于腰部高度。双脚开立略比肩宽，膝关节微屈。同伴于3米外侧对运动员站立。

【动作要求】

躯干向投掷的相反方向扭转，把实心球拉向髋部后侧做预备姿势，转体达到最大幅度后通过髋部发力，带动躯干、肩部、手臂，依次发力用最大力量将实心球抛向同伴。接球时，手臂微屈，身体顺势扭转成准备姿势，将球抛出，重复完成规定次数。

图 5 - 9　转体抛球

四十、平衡抛球（图 5 - 10）

【动作简介】

这个练习需 2 人配合完成，女运动员仰卧推球，男运动员单腿站立接球。练习过程中对男运动员平衡能力训练，对女运动员的胸大肌和肱三头肌功率力量进行强化。

【准备姿势】

女运动员仰卧于垫上，男动员单腿站立，膝关节抬起与髋同高，身体保持平衡。

【动作要求】

男运动员单腿站立保持平衡，将球下落传给女运动员，女运动员接球后快速将球向上推出，男运动员接球时保持身体平衡，重复练习 10～20 次 2 人互换位置。练习时女运动员可位于男运动员下方、侧面等多个方向，或男运动员面向墙壁单腿站立独自传球练习。

图 5 –10　平衡抛球

四十一、俄罗斯转体抛球（图 5 –11）

【动作简介】

这个练习有利于强化运动员髋部扭转的功率力量，发展运动员平衡能力和稳定性。适用项目广泛。选择 2 ~ 5 千克实心球为宜。

【准备姿势】

运动员躯干后倾45°坐于垫上，膝关节微屈，身体保持平衡。同伴在 3 米远外向运动员抛球。

【动作要求】

运动员目视同伴接同伴抛球，接球后顺势转体做右 – 左 – 右转体，实心球依次触碰地面，第 2 次向右转体后依靠躯干扭转，带动肩、臂、腕依次发力用最大力量将实心球抛向同伴，回到准备姿势，重复完成规定次数。

图 5 −11　俄罗斯转体抛球

四十二、前倾拉推（图 5－12）

【动作简介】

前倾拉推练习需要使用一副肩部高度单杠。这个练习可用于发展运动员肩部及胸部力量。

【准备姿势】

测量起始位置，双手握住单杠，脚步向后移动，身体由直立逐渐前倾至手臂完全伸直，只有脚尖与地面接触，此位置即为起始位置。

【动作要求】

双手握紧单杠身体前倾成练习的准备姿势，手臂保持伸直下压升高身体重心，双手用力推单杠使身体回归站立姿势。对于初学者而言完成完整练习具有一定难度，可在准备姿势状态下对推拉动作进行分解练习，随着练习次数的增加，逐渐尝试完成完整练习动作。

图 5－12　前倾拉推

四十三、单杠挺髋（图 5－13）

【动作简介】

单杠挺髋练习需要使用一副肩部高度单杠。这个练习可用于发展运动员髋部伸展力量。

【准备姿势】

测量起始位置，双手握住单杠，脚步向前移动，身体由直立逐渐后倾至手臂完全伸直，只有脚跟与地面接触，此位置即为起始位置。

【动作要求】

从准备姿势开始，保持足跟着地，向前挺髋成满弓姿势。身体放松髋部下降回归准备姿势，依据动作要求重复完成 6～8 次，在最后一次挺髋后双手松开单杠身体向前移动并恢复直立。

图 5－13　单杠挺髋

四十四、杠铃后推（图 5－14）

【动作简介】

杠铃后推练习对发展运动员的髋部力量具有良好训练效果，但练习时对运动员的协调性及髋关节的伸展力量提出了较高要求。这个练习适用于标枪、跳远等项目。

【准备姿势】

双脚开立与肩同宽，膝关节微屈，背部保持挺直直，双手持杠铃于体后膝关节处。

【动作要求】

双臂发力将杠铃后推同时身体重心前倾，脚跟离地，挺髋成背弓姿势，背弓达到最大幅度后回拉杠铃至膝关节处回归准备姿势。

四十五、杠铃挺髋

【动作简介】

杠铃挺髋对于发展运动员核心区域力量具有良好的训练效果，适用于绝大部分运动项目。

【准备姿势】

双脚开立与肩同宽，背部倚靠长凳，将杠铃置于髋关节处，身体自然放松。

【动作要求】

发力挺髋使杠铃升高，杠铃达到最大高度后放松回归准备姿势，回归原位后快速重复挺髋动作。由于负荷重量较大，运动员应先进行单次练习，掌握正确技术动作后再进行连续的多次练习。

第六章　下肢练习

快速伸缩复合训练的初衷是为了使运动员的双腿与地面接触时获得更大的力量与实效性，运动员训练的目的也是为了"更快、更高、更强"，在改变方向时更加快速流畅，换言之即是与地面之间获得更大的反作用力。所有的下肢力量练习都是为了使运动员在运动中所获得的反作用力与能量转换最大化。

● **跳跃**：众多学者都表示在训练中运用跳跃练习将有效提高运动员的运动能力。在跳跃中，运动员力求在垂直高度上达到最大高度，却对于水平距离没有过多要求。

跳跃练习依据运动员运用牵张反射的多少可分为以下3类。

（1）半蹲跳（无反向式）——这个动作在跳跃之前即保持半蹲姿势，大腿肌肉离心无拉长动作。练习过程中要求运动员的髋关节、膝关节、踝关节在保持特定角度前提下起跳。这样既没有利用弹性势能，也因停留时间过长没有利用上牵张反射来提高肌肉收缩力量，跳跃力量最小。

（2）屈蹲跳跃（反向式）——这个练习在跳跃之前大腿肌肉有离心拉长动作。如从站立姿态迅速下蹲起跳，该动作有一个快速下蹲的离心阶段，紧接着一个向心收缩的起跳，下蹲阶段使运动员在肌腱单位中储存了弹性势能，并刺激了牵张反射，因而增强了弹跳的反应力量

（3）跳深——这个练习要求从特定高度跳下，在双脚接触地面后迅跳起。这样弹性势能的储存更为有效，进一步加快了离心阶段的收缩，使得纵跳更为有力，跳得更高。

以下为部分跳跃的反应力量练习手段。

（1）原地纵跳——原地进行纵跳练习，训练强度较低，多用于初级训练阶段，随着运动员运动能力的提高，也可将部分原地纵跳练习用于准备活动中。

（2）连续双脚跳——跳远将训练运动员水平跳跃能力，采用双脚起跳和落地的方式。训练时多采用低强度、大负荷量的训练安排，力求用最少的跳跃次数完成规定练习距离。

（3）跳跃耐力训练——跳跃耐力训练通常采用一些简单的跑、跳组合，跳跃40－80米的距离，对运动员的耐力提出较高要求，训练时采用低强度、大负荷量的训练安排，力求用最少的跳跃次数完成规定练习距离。

（4）跳跃反应力量训练——采用高强度、小负荷量的训练安排，对运动员在每一次起跳中达到的起跳高度提出了较高要求。在这个练习中可采用原地直膝跳、交换腿跳或单腿跳等方式。

（5）冲击训练法——要求运动员在练习时采用最高强度、小负荷量的训练安排。这个练习具有较高的复杂程度以及较大的冲力如跳深、跳栏架等。在反应力量训练中，冲击训练法虽然高效，但同样极易对运动员的身体造成伤害，安排练习前应确保运动员具有较好的力量训练基础。

- **跨步跳：**跨步跳强调在跳跃过程中获得最大的水平距离，跳跃的高度只是影响跳跃距离的一个因素，不做过多关注。严格意义上讲，跨步跳要求跳跃时单脚起跳，落地时由另一只脚落地。但是对于初学者，我们更推荐运动员采用双脚起跳与双脚落地的方式，这样可以减小单腿落地时受到的冲力，避免运动损伤，同时也让运动员把更多精力集中在正确的技术动作上。而对于训练水平较高的运动员，可采用单脚起跳和单脚落地的方式。

- **单足跳：**对于单足跳而言最重要的一点即是在单腿循环折叠、下压、蹬伸的过程中获得最大的反作用力。在初学者的训练中，体会髋部及股后肌群的发力使身体获得良好向前性是处于首要地位的，而运动过程中水平移动的距离则相对次要。单足跳练习要求运动中重心保持平稳。如三级跳远运动员在单足跳和跨步跳过程中应避免重心过大起伏。

单足跳要求运动员用同一条腿完成全部的蹬伸和落地。由于单足跳具有较高的复杂性，初级训练阶段可以采用手扶栏杆原地模仿的方式体会大腿的摆动和下压动作。

● **跳远**：跳远是一个单次重复的练习，对运动员跳跃的最大距离及高度提出要求。运动员在做跳远练习时可以采用单腿跳或双腿跳的方式。跳远与双脚跳或交换跳的技术动作相同，不同点是跳远只进行一次跳跃，不进行重复。

● **垫步跳**：垫步跳时运动员支撑腿蹬伸，摆动腿膝关节前摆带动身体重心前移，双脚同时落地回归预备姿势，蹬、摆互换，重复相同动作。垫步跳时强调跳跃的水平距离及高度，并可以根据运动专项的需要进行各个方向的练习。

● **快速小跳**：快速小跳对提高运动员的快速力量具有一定效果。练习过程中强调脚步与腿部的动作速度，要求运动员在小跳过程中跳跃高度及距离较小，但频率很快。

跳跃、跨步跳、单足跳等跳跃练习都是对下肢力量进行训练的有效方法，这些方法将有助于强化下肢肌肉的反应力量，提升力的产生速率，发展人体的稳定性，使双腿与地面接触时获得更大的力量及实效性。以下为下肢力量训练方式。

四十六、原地直膝跳（图6-1）

【动作简介】

原地直膝跳是进行跳跃练习前的基础练习，力量主要来源于腿部与髋部的蹬伸。

【准备姿势】

双脚开立与肩同宽，躯干保持正直，挺胸抬头两肩后收，膝关节微屈。

【动作要求】

练习过程中强调手臂小幅度摆动辅助跳跃，跳跃时踝关节发力，膝关节小幅度屈伸，腾空阶段脚尖勾起，身体保持中立位姿态。在整个练习过程中依照动作要求连续起跳，注意落地后迅速起跳，双脚与地面接触时间短。

图6-1　原地直膝跳

四十七、蹲　跳（图6-2）

【动作简介】

蹲跳是提高下肢力量的基础练习，作为发展下肢力量的有效手段被广泛应用。这个练习的首要要求是在每一次跳跃中达到最高腾起高度。

【准备姿势】

双脚开立与肩同宽，躯干保持正直，双手交叉于头后。在初级训练阶段可以采用双手交叉于头后的方式，使躯干保持正确的姿态，随着技术动作的逐渐熟练，可以采用摆臂的方式辅助跳跃。

【动作要求】

屈膝降低重心，在下蹲过程中双腿蹬伸，髋、膝、踝关节快速伸展向最高处跳起。在练习的初始阶段落地后保持落地姿势，纠正动作后再次跳跃。随着运动员技术动作逐渐熟练，由单次跳跃练习转换为连续多次起跳，每次落地后身体保持半蹲姿势，在每一次起跳中尽可能达到本人腾起的最大高度。

图 6 -2　蹲跳

四十八、伸展跳（图 6 -3）

【动作简介】

伸展跳是发展运动员全身力量的有效途径，在运动员力量训练的过程中被广泛采用。这个练习的首要要求是在每一次跳跃中达到最高腾起高度。

【准备姿势】

双脚开立与肩同宽，两膝微屈，躯干保持正直，两臂自然弯曲垂于体侧。

【动作要求】

屈膝降低重心，下蹲过程中双腿爆发性蹬伸垂直向上起跳，两臂上举达最大高度。落地时屈膝缓冲回归准备姿势，为再次起跳做准备。练习时要求每次跳跃都尽可能达到最大腾起高度，同时保持在原地跳跃位置不变。

图 6 - 3　伸展跳

四十九、星形跳（图 6 - 4）

【动作简介】

星形跳是发展运动员全身力量的有效途径，在运动员力量训练的过程中被广泛采用，这个练习要求运动员在每一次跳跃时达到最大腾起高度和身体伸展幅度，这也是培养运动员协调性和滞空能力的有效初始练习。

【准备姿势】

双脚开立与肩同宽，两膝微屈，躯干保持正直，两臂自然弯曲垂于体侧。

【动作要求】

　　屈膝降低重心，下蹲过程中双腿爆发性蹬伸垂直向上起跳，同时四肢向四个方向最大幅度伸展。落地时屈膝缓冲回归准备姿势，为再次起跳做准备。练习时要求每次跳跃都尽可能达到最大腾起高度和四肢最大幅度的伸展，同时保持在原地跳跃位置不变。

图6-4　星形跳

五十、团身跳（图6-5）

【动作简介】

　　团身跳由于对关节造成较大强度的冲击，应选择平坦且具有弹性的场地进行，运动员抗阻训练后常把团身跳作为力量转化练习。

【准备姿势】

两脚开立与肩同宽，躯干保持正直，肩胛骨向后收紧，膝关节微屈。

【动作要求】

快速屈蹲蹬伸起跳获得更大腾起高度，跳跃过程中脚尖勾起脚底面向地面，膝关节垂直向上提起，足跟位于臀部下方。腾起过程中要求大小腿折叠接近 90°，可通过靠墙提膝的方式进行训练。

图 6-5　团身跳

五十一、屈膝团身跳（图 6-6）

【动作简介】

屈膝团身跳由于对关节造成较大强度的冲击，应选择平坦且具有弹性的场地进行，运动员抗阻训练后常把团身跳作为力量转化练习。

【准备姿势】

两脚开立与肩同宽，躯干保持正直，肩胛骨向后收紧，膝关节微屈。

【动作要求】

快速屈蹲蹬伸起跳获得更大腾起高度，膝关节向上提起，足跟位于臀部下方。

这个动作练习过程中大小腿尽可能折叠，脚底面向运动员后方。

图6-6 屈膝团身跳

五十二、分腿跳（图6-7）

【动作简介】

分腿跳练习对发展运动员的腿部蹬伸力量具有积极影响，如短跑、滑雪等。此外，这个练习也可作为弓步抓举的分解练习。

【准备姿势】

双腿前后开立自然弯曲，前腿膝关节位于前脚脚掌正上方，后腿膝关节位于髋部正下方。

【动作要求】

原地跳起达到最大腾起高度，练习过程中要求依靠双臂摆动辅助跳跃，落地时屈膝缓冲回归准备姿势。跳跃过程中要求躯干保持正直，与髋部位于一条线上。

一组练习中保持相同前后腿不变，完成规定次数后双腿交换完成相同次数。

图 6-7 分腿跳

五十三、交换腿跳（图 6-8）

【动作简介】

分腿跳着重对运动员的下肢与躯干力量进行训练，交换腿跳与分腿跳技术动作相似，但更注重对双腿摆动速度的训练，因此这个练习对短跑及跳跃项目运动员的训练具有积极意义。

【准备姿势】

双腿前后开立自然弯曲，前腿膝关节位于前脚脚掌正上方，后腿膝关节位于髋部正下方。

【动作要求】

原地跳跃达到最大腾起高度，练习过程中要求依靠双臂摆动辅助跳跃，在空中快速进行交换腿动作，落地时前后腿交换位置，屈膝缓冲回归准备姿势，重复相同动作再次起跳。跳跃过程中要求躯干保持正直，与髋部位于一条线上。

图6-8 交换腿跳

五十四、双交换腿跳（图6-9）

【动作简介】

这个练习是交换腿跳的一个进阶练习，对双腿的摆动速度提出了更高要求，适用于水平较高的运动员。这个练习对运动员髋部、腿部及躯干力量的提高具有积极意义。

【准备姿势】

双腿前后开立自然弯曲，前腿膝关节位于前脚脚掌正上方，后腿膝关节位于髋部正下方。

【动作要求】

原地跳跃达到最大腾起高度，练习过程中要求依靠双臂摆动辅助跳跃，在空中快速进行一次完整前后腿交换再换回原位动作，落地时双腿位置与准备姿势相同，再次起跳重复相同动作。跳跃过程中要求躯干保持正直，与髋部位于一条线上。

此外双腿交换过程中应注意整条腿以髋为轴的摆动而非仅仅是小腿的甩动。

图 6-9　双交换腿跳

五十五、直膝台阶蹬足上（图 6-10）

【动作简介】

这个练习可作为后面台阶蹬足上和侧向蹬伸摆腿的预备练习。练习的目标是提高运动员单腿发力能力，强调支撑腿蹬伸发力，另一条腿脚踝发力，膝关节不做退让性蹬伸发力或摆动的动作。

【准备姿势】

直立于跳箱侧面，靠近跳箱的腿为支撑腿，踩在跳箱上，双手成前后摆臂姿势。

【动作要求】

躯干保持正直，支撑腿用力蹬伸向上跳起，另一条腿自然伸直，不参与发力。

在练习的初级阶段可采用双腿同时蹬伸发力，随着训练水平的提高逐渐强调支撑腿的蹬伸。

图6-10 直膝台阶蹬足上

五十六、台阶蹬足上（图6-11）

【动作简介】

台阶蹬足上练习的目标是提高运动员单腿发力能力，强调支撑腿蹬伸发力，摆动腿积极摆动但不做退让性蹬伸发力动作。

【准备姿势】

直立于跳箱侧面，靠近跳箱的腿为支撑腿，踩在跳箱上，远离跳箱的腿为摆动腿，踩在地面上，双手成前后摆臂姿势。

【动作要求】

躯干保持正直，支撑腿用力蹬伸向上，摆动腿提膝摆腿至最大幅度，与此同时双臂摆动辅助蹬伸。在练习的初级阶段可采用双腿同时蹬伸发力，随着训练水平的提高摆动腿逐渐脚踝发力，膝关节不做屈伸发力动作。

由于在躯干正直的情况下做最大幅度的蹬摆具有一定难度，因此初学者练习时应采用单次练习，强调技术动作的准确及蹬摆配合的协调。随着技术动作的熟练，可连续多次重复。练习时依靠支撑腿发力，摆动腿在接触地面后最短时间内快速蹬伸重复摆腿动作，注意每一次蹬摆达到最大高度，身体舒展保持正直。

图 6 -11　台阶蹬足上

五十七、侧向蹬伸摆腿（图 6 -12）

【动作简介】

这个练习的目标是提高运动员单腿发力能力，强调支撑腿与摆动腿的协调配合对发展运动员的跑、跳能力具有积极意义。

【准备姿势】

直立于跳箱侧面，靠近跳箱的腿为支撑腿，踩在跳箱上，远离跳箱的腿为摆动腿，踩在地面上，双手成前后摆臂姿势。

【动作要求】

躯干保持正直，双腿同时蹬伸发力，支撑腿用力蹬伸向上，摆动腿提膝摆腿至最大幅度，与此同时双臂摆动辅助蹬伸，身体越过跳箱，原本的支撑腿变换为摆动腿，摆动腿变换为支撑腿。这个练习的难点是力求在最短落地时间内获得最大反作用力。

图 6-12 侧向蹬伸摆腿

五十八、跳跳箱（图 6-13）

【动作简介】

跳跳箱练习是为了减小跳跃落地时关节所受到的冲击，旨在使运动员建立一个良好的落地技术，同时为运动员提供了一个起跳高度的目标。

【准备姿势】

面向跳箱一臂距离站立。根据起跳姿势的不同跳跳箱有以下几种练习方法。

无预蹲跳跃——双脚开立与肩同宽，面向跳箱半蹲姿势站立，两臂微屈后引，背部挺直，做起跳预备姿势。无预蹲式跳跃在起跳前即做好半蹲起跳准备姿势，没有屈蹲降低重心过程，直接向上跳起。

有预蹲跳跃——双脚开立与肩同宽，身体直立两臂自然下垂，双臂后引随后快速向前摆动，双脚蹬离地面，跳上跳箱。有预蹲跳跃强调在起跳前屈膝降低重心的过程。

上步起跳——距离跳箱两步距离，双脚前后开立，向前迈步的同时后腿蹬伸发力向前跳上跳箱。

侧向跨步起跳——侧对跳箱一步半距离站立，外侧腿蹬伸向跳箱方向跨步，形成水平位移后双脚同时蹬伸跳上跳箱。

图 6-13　跳跳箱

【动作要求】

单次跳跃时要求双腿快速爆发性蹬伸起跳，手臂摆动至肩部高度制动，以半蹲姿势站在跳箱上。

多次跳跃时要求双腿蹬伸向上跳起，手臂摆动辅助跳跃，双脚同时落在跳箱上。脚接触跳箱后立即跳下回归起始位置，再次重复起跳动作。练习时可以根据专项需要对跳跃方向改变与组合，以寻求对身体的全面刺激。在跳跃过程中注意肩、臂的制动以及双脚与跳箱接触的时间尽可能缩短。

五十九、双脚跳跳箱单脚站立（图6-14）

【动作简介】

这个练习是跳跳箱练习的进阶训练，对运动员单腿站立的稳定性提出了更高要求。

【准备姿势】

面向跳箱一臂距离站立，两脚开立与肩同宽，膝关节微屈，两臂自然后引做起跳的预备姿势。

【动作要求】

练习以单次跳跃为主，按照起跳的准备姿势，双腿快速爆发性蹬伸起跳，手臂摆动至肩部高度制动，以单腿半蹲姿势站在跳箱上。

图6-14 双脚跳跳箱单脚站立

六十、跳 深（图 6 - 15）

【动作简介】

跳深是一种连贯的肌肉拉长缩短运动，人体从高处跳下落地时产生制动，在制动的离心阶段，肌肉受身体重力的作用被迫拉长，随后人体向上跳起，这是加速的向心阶段，肌肉迅速缩短，所以反应收缩形式是一种高度活动的拉长—缩短周期形式。肌肉反应力量的提高主要归结于肌肉弹性增加和神经肌肉功能的适应性变化。而肌肉弹性势能加大主要是由于肌肉在拉长—缩短的活动过程中，接受刺激后产生牵张反射的能力得到了提高。这个练习对运动员的运动能力提出了较高要求，由于极易对身体造成运动损伤，因此这个练习更加适用于水平较高运动员。

【准备姿势】

双脚站在跳箱边缘处，前脚掌超过跳箱边缘，膝关节微屈，双手自然垂于体侧，重心前倾沿跳箱边缘滑下。注意双脚为滑下或自然下落动作，而不是跳下或向前迈步跳下。选择 30 ~ 90 厘米跳箱为宜。

图 6 - 15 跳深

【动作要求】

双脚沿跳箱边缘滑下，下落过程中屈髋、屈膝、手臂后引做好起跳预备姿势，落地后立即蹬伸向上跳起。初学者应先进行落地技术训练，纠正落地时身体姿态，熟练掌握落地技术后，进行完整的跳深练习，练习时注意双臂摆动辅助跳跃。这个练习要求运动员在最短的落地时间内获得最大反作用力，向上跳起时达到最大腾起高度，由于跳深训练法强度较大，每组练习之间应充分间歇。

六十一、单腿跳深（图 6 –16）

【动作简介】

跳深能够有效发展运动员腿部的反应力量和弹跳能力。单腿跳深是跳深的进阶训练形式，练习过程中运动员承受的负荷强度更大，同时运动风险也更高。

【准备姿势】

双脚站在跳箱边缘处，前脚掌超过跳箱边缘，膝关节微屈，双手自然垂于体侧，重心前倾沿跳箱边缘滑下。注意双脚为滑下或自然下落动作，而不是跳下或向前迈步跳下。选择 15～30 厘米跳箱为宜。

图 6 –16 单腿跳深

【动作要求】

双脚沿跳箱边缘滑下，下落过程中屈髋、屈膝、手臂后引做好起跳预备姿势，落地后支撑腿立即蹬伸向上跳起。初学者应先进行落地技术训练，纠正落地时身体姿态，熟练掌握落地技术后，进行完整的跳深练习，练习时注意双臂摆动辅助跳跃。这个练习要求运动员在最短的落地时间内获得最大反作用力，向上跳起时达到最大腾起高度。

六十二、快速跳箱跳远（图 6-17）

【动作简介】

这个练习是提高运动员双腿连续反应力量的训练，适用于举重、篮球、排球、跳水等项目，练习时要求使用 30-60 厘米跳箱及柔软的落地区。

【准备姿势】

双脚开立与肩同宽面对跳箱一臂距离，双臂微屈垂于体侧。

【动作要求】

双腿快速蹬伸，同时两臂积极前摆，跳上跳箱屈膝缓冲，成半蹲姿势；再继续向落地区跳起，双脚同时落地屈膝缓冲。第一次跳跃要求动作尽可能迅速，起跳高度达到跳箱高度即可，跳上跳箱时整个脚掌落地，在空中即做好再次起跳准备姿势，第二次跳跃要求快速而有力，双脚接触跳箱后快速蹬伸向前跳起，展体收腹落入落地区。这个练习可以根据专项需要选择进行单足跳、交换跳等多种形式。

图 6 - 17　快速跳箱跳远

六十三、跳深跳远（图 6 - 18）

【动作简介】

这个练习比普通的立定跳远更加有效地训练运动员的反应力量。

【准备姿势】

双脚站在跳箱边缘处，前脚掌超过跳箱边缘，膝关节微屈，双手自然垂于体侧，重心前倾沿跳箱边缘滑下。注意双脚为滑下或自然下落动作，而不是跳下或向前迈步跳下。

【动作要求】

双脚沿跳箱边缘滑下，下落过程中屈髋、屈膝、手臂后引做好起跳预备姿势，落地后立即蹬伸向前起跳达到最大跳跃距离。由于这个练习只进行单次跳跃，因此落地区应选择沙坑或软垫。

图 6 - 18　跳深跳远

六十四、连续跳深跳远（图 6 - 19）

【动作简介】

这个练习需要两个跳箱，一个高 30～40 厘米，一个高 55～65 厘米，两个跳箱间隔 1 米距离放置，选择平坦而富有弹性的地面练习。

【准备姿势】

站在较低一只跳箱上，双脚站在跳箱边缘处，前脚掌超过跳箱边缘，膝关节微屈，双手自然垂于体侧，重心前倾沿跳箱边缘滑下。

【动作要求】

依据跳深和快速跳箱跳远的动作要求完成这个练习。练习过程中注意尽可能减小缓冲阶段膝关节的弯曲，依靠牵张反射快速跳上较高跳箱。进行类似跳深练习时，应在每组练习之间保持 2 ~ 3 分钟间歇以确保运动员神经—肌肉系统的恢复。

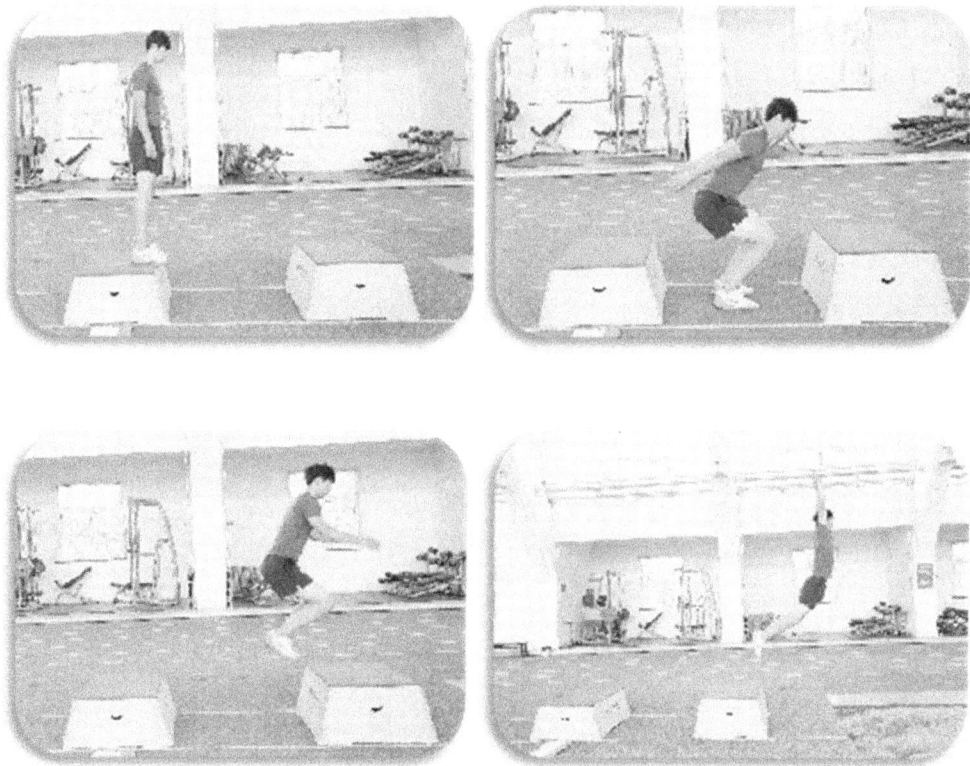

图 6 -19　连续跳深跳远

六十五、跳深交换腿跳（图 6 -20）

【动作简介】

跳深交换腿跳在跳深基础上增加了交换腿跳动作，对运动员动作的稳定性和连贯性提出了较高要求，同时这个练习还比普通跳深更有效地训练运动员的反应力量，更加结合专项。

【准备姿势】

双脚站在跳箱边缘处，前脚掌超过跳箱边缘，膝关节微屈，双手自然垂于体侧，重心前倾沿跳箱边缘滑下。注意双脚为滑下或自然下落动作，而不是跳下或向前迈步跳下。

【动作要求】

双脚沿跳箱边缘滑下，下落过程中屈髋、屈膝、手臂后引做好起跳预备姿势，落地后立即蹬伸向上跳起，跳深结束后紧接着做两次交换腿跳。

图 6 - 20　跳深交换腿跳

六十六、直膝跑（图6-21）

【动作简介】

直膝跑强调摆动腿下压过程中获得最大反作用力，对培养运动员奔跑时正确的发力动作具有积极意义。

【准备姿势】

双脚前后开立，与站立式起跑姿势相同。

【动作要求】

练习时躯干直立伸展，摆动腿在保持脚尖勾起与膝关节伸直的前提下，积极下压，臀部发力推动身体重心前移。支撑腿下压落地过程中力求从地面获得最大反作用力。

图6-21 直膝跑

六十七、垫步跳（图6-22）

【动作简介】

垫步跳是交换跳的基础训练之一，在这项练习中要求双脚同时发力起跳与落地，做垫步式的抬腿练习。

【准备姿势】

身体直立，膝关节微屈，两臂成前后摆臂姿势。

【动作要求】

支撑腿蹬伸，摆动腿膝关节前摆带动身体重心前移，双脚同时落地回归预备姿势，蹬、摆互换，重复相同动作，躯干姿态与跑步保持相同，摆动腿脚尖应始终保持勾起状态。

图 6－22　垫步跳

六十八、爆发性垫步跳（图 6－23）

【动作简介】

爆发性垫步跳是篮球中三步上篮的模仿练习，是对运动员蹬伸力量良好的训练方式，它可以提高运动员的奔跑能力及反应力量，练习过程中应强调在每一次垫步中是跨步跳与单足跳的组合，大体节奏为左－左－右，右－右－左的循环。

【准备姿势】

双脚前后开立，由助跑开始练习。

【动作要求】

支撑腿蹬伸，摆动腿膝关节抬起至髋关节高度，脚尖向上勾起，完成一次垫步跳。支撑腿落地，摆动腿向前迈步，两腿蹬、摆互换重复相同动作。要求每一次垫步时爆发性地向上跳起，获得最大腾空时间和高度。

图6-23 爆发性垫步跳

六十九、单足跳（图6 - 24）

【动作简介】

单足跳是运动员蹬伸力量良好的训练方式，它可以提高运动员奔跑及跳跃过程中的支撑能力和反应力量。

图6 - 24 单足跳

【准备姿势】

双脚前后开立，由助跑开始练习。

【动作要求】

单足跳要求以髋关节为轴，摆动腿积极摆动下压，在最短的落地时间内获得最大的反作用力。

七十、跨步跳（图6 - 25）

【动作简介】

这个练习是发展运动员腿部与髋部反应力量的重要方法之一，跳跃过程中强调大腿伸肌与屈肌交替、协同发力和蹬摆的协调配合，这个练习也对运动员奔跑、跳跃技术的改善具有积极影响。

【准备姿势】

双脚前后开立，躯干保持正直，两臂放松垂于体侧。启动方式可采用原地或助跑，不同的启动方式也将对运动员跨步跳的效果产生不同影响。

【动作要求】

支撑腿蹬伸、摆动腿膝关节放松，积极下压，力求获得最大跳跃距离，每次落地时双腿蹬、摆互换，重复相同动作。练习时还可以通过对落地节奏的改变（如左－左－右，右－右－左，右－右－左－左）锻炼运动员的协调能力。

图 6 – 25 跨步跳

七十一、跳箱单足跳（图 6 – 26）

【动作简介】

这个练习强度较高，是针对优秀运动员的高级训练方式，适用于田径、篮球、排球等项目。

【准备姿势】

将跳箱间隔 2~3 米距离放置，摆放高度顺序不限，以 30 厘米左右为宜。运动员面对第一个跳箱 2 米距离站立，双脚前后开立，躯干保持正直，两臂放松垂于体侧，由助跑开始练习。

【动作要求】

依据单足跳技术动作依次跳上每个跳箱和跳箱之间的地面，跳跃过程中注意支撑腿的积极蹬伸以获得最大滞空时间。

图 6 – 26　跳箱单足跳

七十二、跳箱跨步跳（图 6 - 27）

【动作简介】

这个练习与跳箱单足跳相近，但强度更高，对神经—肌肉系统的刺激更加深刻。由于这个练习强度较高，对运动员的运动能力和训练成熟度提出了极高要求，是针对优秀运动员的高级训练方式。

【准备姿势】

将跳箱间隔 2～5 米距离放置，摆放高度顺序不限，以 30 厘米左右为宜。运动员面对第一个跳箱 2 米距离站立，双脚前后开立，躯干保持正直，两臂放松垂于体侧，由助跑开始练习。

图 6-27　跳箱跨步跳

【动作要求】

支撑腿蹬伸、摆动腿积极摆动向前跳跃。这个练习与平地跨步跳技术动作相同，唯一不同点是一条腿始终踏在跳箱上。跳跃过程中强调躯干保持正直以及落地时踝关节稳定。练习过程中应限制跳跃步幅，避免距离过远超过跳箱发生危险。

七十三、水平侧向跨跳（图 6-28）

【动作简介】

这个练习可以选择在平坦地面亦或是有一定倾斜角度的斜坡进行。对发展运动员大腿的蹬伸力量、膝关节和踝关节的稳定具有积极意义。侧向跨步对大部分运动项目具有较好的训练效果，尤其是速度滑冰、冰球、滑雪、网球、篮球、棒球等。

【准备姿势】

两膝微屈成半蹲姿势站立，手臂放松垂于体侧。

【动作要求】

以从左向右跳为例，左腿屈蹲向右沿水平方向蹬伸，右腿贴地迈步，右膝与右肘顶出做引领动作，右腿先于左腿落地支撑制动，左腿屈膝跟进保持身体平衡。练习的初学者应进行单次练习，跨跳过程中强调获得最大水平移动距离，并在每次跳跃后检查技术动作的准确性，以获得最佳训练效果。

图 6-28 水平侧向跨跳

七十四、交换腿跳台阶（图 6-29）

【动作简介】

这个练习通过跳上一定高度台阶的方式减少跳跃练习对关节的冲击，从而减少不必要的损伤。台阶的选择应注意防滑，避免运动员滑落，确保安全。

图 6-29 交换腿跳台阶

【准备姿势】

单腿站立于台阶上，重心集中在支撑腿上，保持身体平衡。

【动作要求】

支撑腿发力向上跳起，与此同时支撑腿抬起非支撑腿踏上相邻台阶，跳跃过程中注意双臂的协调摆动和体会支撑腿脚踝发力。

七十五、双脚跳台阶（图6-30）

【动作简介】

这个练习通过跳上一定高度台阶的方式减少跳跃练习对关节的冲击，从而减少不必要的损伤。台阶的选择应注意防滑，避免运动员滑落，确保安全。

【准备姿势】

面向台阶半蹲站立，两臂后引做起跳预备姿势。

图6-30　双脚跳台阶

【动作要求】

这个练习要求运动员每次跳跃时达到最大腾起高度。初学者练习时，在跳跃前应进行预蹲，从而获得最大跳跃高度和身体舒展程度，落地时整个脚掌落地，躯干保持挺直,每次练习之间检查动作的准确性。对于熟练掌握技术动作的运动员,应进行连续的跳跃练习,练习过程中快速蹬伸,双臂协调摆动,落地时始终保持高重心、髋部向前伸展的身体姿态,每次跳跃过程中即做好再次起跳准备,双脚与地面接触时间尽可能缩短,在技术动作准确的前提下最快速度完成规定练习。

七十六、双脚快速跳台阶(图6-31)

【动作简介】

这个练习在没有负重的情况下对运动员的动作速度进行训练,适合所有快速脚步移动的项目。台阶的选择要求安全牢固,避免运动损伤的发生。

【准备姿势】

面对台阶放松站立于底部,双脚并拢双臂弯曲于体侧。

图6-31 双脚快速跳台阶

【动作要求】

双脚同时发力以最快速度依次跳上每个台阶,双臂配合下肢有节奏地摆动。这个练习的首要训练目标是动作速率,跳跃过程中应注意动作的放松,避免过度紧张。每次跳跃落地前应做好再次起跳准备，以最快速度完成规定次数。练习时可采用单脚跳或侧对台阶跳跃的方式，也可在运动员熟练掌握技术动作后采用交叉步等步伐练习。

七十七、侧向跨台阶（图 6-32）

【动作简介】

这个练习是水平侧向跨跳的进阶练习，练习时要求运动员将身体重心集中在支撑腿上快速蹬伸发力。

【准备姿势】

侧对台阶站立，双脚开立分别踩在相邻的台阶上，重心集中在后腿上（踩在较低台阶一只脚）。

【动作要求】

跳跃过程中注意身体的重心在双腿之间交替变换。后腿屈蹲，前腿抬起离地，后腿迅速蹬伸，前腿侧向跨出 2-3 个台阶，落地屈膝缓冲，身体重心集中在前腿，后腿落地回归准备姿势。重复完成规定次数后转身面对另一方向，重复相同动作。

图 6-32　侧向跨台阶

七十八、双腿交替跨台阶（图 6 –33）

【动作简介】

这个练习通过交替跨上台阶的方式有效减少跳跃练习落地时对关节的冲击，减少不必要的运动损伤，多用于发展运动员的步幅和蹬伸力量。

【准备姿势】

双脚前后站立于两相邻台阶，双臂放松垂于体侧。启动方式可采用原地或助跑，不同的启动方式也将对运动员训练效果产生不同影响。

【动作要求】

支撑腿最大幅度蹬伸的同时摆动腿最大幅度向上摆动，注意摆动腿脚尖保持勾起状态。

图 6 –33　双腿交替跨台阶

七十九、双腿跳越障碍（图6-34）

【动作简介】

跳跃练习可以使用标志桶或小栏架作为障碍进行训练，通过跳过一定高度障碍的方式发展运动员腿部蹬伸力量和反应力量。

【准备姿势】

面对跳跃方向站立，两膝微屈，手臂放松垂于体侧。

图6-34　双腿跳越障碍

【动作要求】

屈膝蹬伸起跳，最大幅度伸展髋部获得充足垂直起跳高度，随后提膝收腿，越过标志桶，跳跃过程中注意双臂协调摆动辅助跳跃和保持身体姿态。

初级训练阶段着重对运动员的身体姿态、起跳与落地技术进行培养，初学者应进行单次起跳练习，下落过程中整个脚掌落地，髋关节与膝关节缓冲保持身体姿态。落地后对身体姿态进行纠正，调整身体与标志桶之间位置再次起跳。这样的纠正可以对运动员技术动作做出及时反馈，有利于运动员落地与起跳技术的纠正。随着运动员技术动作的熟练，可进行连续跳跃练习，良好的落地技术将对运动员的连续起跳产生积极影响，训练时应时刻注意保持良好的身体姿态和落地技术。

八十、双腿快速跳越障碍

【动作简介】

这个练习将对运动员腿部与髋关节的肌肉力量进行训练，提高奔跑过程中所需要的反应力量。

【准备姿势】

面对跳跃方向站立，两膝微屈，手臂放松垂于体侧。

【动作要求】

这个练习的技术动作与双腿跳跃障碍相同，但动作更加连贯，跳跃之间没有停顿。屈膝蹬伸起跳，最大幅度伸展髋部获得充足垂直起跳高度，随后提膝收腿，越过标志桶，跳跃过程中注意双臂协调摆动辅助跳跃和保持身体姿态。练习时应对运动员动作速率重点要求，跳跃高度和距离次之。

八十一、侧向双脚跳（图 6 – 35）

【动作简介】

这个练习用于提高运动员下肢侧向的蹬伸力量和反应力量，对运动员的下肢进行全方位的刺激。

【准备姿势】

侧对标志桶站立，双脚开立与肩同宽，两膝微屈，双臂后引做起跳准备姿势。

【动作要求】

侧对跳跃方向依次越过每个标志桶，跳跃过程中双臂配合下肢摆动辅助跳跃和保持身体姿态，为获得最好的训练效果，跳跃过程中注意身体与标志桶成90°，避免出现倾斜。

图 6 –35　侧向双脚跳

八十二、侧向双脚跳接加速跑（图 6 –36）

【动作简介】

将侧向双脚跳与短距离加速跑结合，有利于提高运动员快速改变运动方向和运动方式的能力，这对网球、篮球、足球以及其他需要快速改变运动方向的项目具有积极意义。

【准备姿势】

侧对标志桶站立，双脚开立与肩同宽，脚尖向前。

【动作要求】

运动员采用侧向双脚跳的方式循环跳过标志桶 8 ~ 12 次，最后一次跳跃结束前做好加速跑准备，落地后快速向前加速跑冲过预定目标。初级训练阶段应着重培养运动员跳跃的速率，并强调在跳跃过程中身体重心保持在标志桶上方，避免因身体大幅度晃动而导致力的分散。随着运动员运动能力的提高，可结合前后跳越标志桶、空中转体等方式提高练习难度。此外，为增加练习的娱乐性，可采用多人竞速或规定时间接下落网球的方式提高练习质量。

图 6 - 36　侧向双脚跳接加速跑

八十三、单腿跳越障碍（图 6 - 37）

【动作简介】

这个练习是双腿跳越障碍的进阶练习，采用单腿练习对运动员支撑腿的力量和平衡性提出了更高要求，技术动作要求与双腿跳跃障碍大体一致，但需注意保持身体姿态、平衡和稳定。

【准备姿势】

单腿站立保持平衡，躯干挺直，两臂放松垂于体侧。非支撑腿提膝至髋关节高度，大小腿成90°，脚尖向上勾起，足跟位于支撑腿膝关节前方。

图6-37 单腿跳越障碍

【动作要求】

快速屈蹲蹬伸起跳,使身体重心垂直升高,髋关节最大幅度伸展后向上提膝至非支撑腿大腿高度,小腿前伸越过标志桶,重复这个动作依次跳过标志桶。练习过程中要求双臂配合下肢协调摆动,保持良好的身体姿态。这个练习着重培养运动员跳跃距离及起跳高度,对于动作的速率不过分强调。

八十四、快速单腿跳越障碍(图6-38)

【动作简介】

快速单腿跳越障碍是为发展运动员反应力量、循环动作(如跑步、自行车等)的常用训练方式,技术动作要求与单腿跳越障碍相同,但动作速度更快。

【准备姿势】

单腿站立保持平衡,躯干挺直,两臂放松垂于体侧。非支撑腿提膝至髋关节高度,大小腿成90°,脚尖向上勾起,足跟位于支撑腿膝关节前方。

图 6 - 38   快速单腿跳越障碍

【动作要求】

在这个快速单腿跳越障碍练习中，不光强调跳跃的高度及远度，同时还强调运动员完成动作的速率。快速屈蹲蹬伸起跳，使身体重心垂直升高，髋关节最大幅度伸展后向上提膝至非支撑腿大腿高度，小腿前伸越过标志桶，重复这个动作依次跳过标志桶。练习过程中要求双臂配合下肢协调摆动，并保持良好的身体姿态。当支撑腿接触地面时要求快速蹬伸起跳，利用最短的时间及最高的强度完成这个练习。

八十五、侧向单腿跳（图 6 - 39）

【动作简介】

这个练习对提高运动员侧向发力能力进行训练，并有效发展运动员的单腿力量，适用于篮球、羽毛球等强调快速变向的运动项目。

【准备姿势】

侧对标志桶单腿站立保持平衡，躯干保持正直，两臂放松垂于体侧，支撑腿膝关节微屈，非支撑腿提膝至髋关节高度，大小腿成90°，脚尖向上勾起。

【动作要求】

侧向蹬伸跳跃越过标志桶，每次跳跃过程中，支撑腿积极上提、下压，在落地时获得更大反作用力。这个动作的重点是跳跃过程中提膝，大小腿约90°，脚尖勾起脚掌面向地面。

图6-39 侧向单腿跳

八十六、双腿Z形跳跃（图6-40）

【动作简介】

这个练习通过不同方向的跳跃提高了运动员多方向运动能力，并对运动员身体的稳定性提出了更高要求，是单腿Z形跳跃的基础训练。

【准备姿势】

双脚站立于一排15~30厘米标志桶侧面，膝关节微屈，躯干保持正直，两臂放松垂于体侧。

【动作要求】

根据 Z 形路线向斜前方 45°跳跃越过标志桶，动作要求与双脚跳大体一致，练习过程中对运动员保持身体姿态及动作的稳定性提出要求。

图 6 - 40 双腿 Z 形跳跃

八十七、单腿 Z 形跳跃

【动作简介】

单腿 Z 形跳跃练习时水平跳跃对运动员身体稳定性提出了更高要求，因此这个练习的强度较前文单腿跳越障碍和双腿 Z 形跳跃更大。

【准备姿势】

单腿站立于一排 15～30 厘米标志桶侧面，膝关节微屈，躯干保持正直，两臂放松垂于体侧。非支撑腿提膝至髋关节高度，大小腿成 90°，脚尖向上勾起，足跟位于支撑腿膝关节前方。

【动作要求】

根据 Z 形路线向斜前方 45°跳跃越过标志桶，动作要求与双腿 Z 形跳跃大体一致，练习过程中对运动员保持身体姿态及动作的稳定性提出要求。

八十八、Z 形交换腿跳（图 6 - 41）

【动作简介】

这个练习为跨步跳的一个变形练习，通过改变脚蹬地的方向对运动员侧向蹬伸的力量进行训练。

【准备姿势】

单腿站立于一排 15 ~ 30 厘米标志桶侧面，膝关节微屈，躯干保持正直，两臂放松垂于体侧。摆动腿提膝至髋关节高度，大小腿成 90°，脚尖向上勾起，足跟位于支撑腿膝关节前方。

【动作要求】

支撑腿蹬伸、摆动腿向斜前方摆动，力求获得最大跳跃距离和起跳高度，越过标志桶，双腿蹬、摆互换，沿 Z 形斜向跳跃完成练习。当运动员熟练掌握技术动作后，可逐渐增加水平跨越距离。

图6-41　Z形交换腿跳

八十九、升高式纵跳（图6-42）

【动作简介】

这个练习需要一条约5米长绳辅助训练。将绳子一端固定在墙上，另一端固定在地面上，要求固定在地面的绳子是松动的，如运动员无法越过目标则绳子自动脱落，避免运动员受伤。这个练习对运动员连续跳跃过程中身体的稳定性提出了较高要求，此外难度逐渐增加，有利于运动员克服心理障碍，完成自己难以实现的目标。

【准备姿势】

双脚并拢侧对长绳站立，采用由低到高的顺序连续侧向跳越长绳。

【动作要求】

侧向跳越逐渐升高的长绳，直到无法完成为止。跳跃过程中注意躯干保持正直，小腿向上与大腿折叠越过长绳。

图 6 -42　升高式纵跳

九十、斜坡跳跃（图 6 -43）

【动作简介】

这个练习通过增加跳跃过程中角度的方式提高训练强度，对运动员下肢的反应力量进行训练。为保证运动员安全在选择场地时应注意倾斜角度适中与地面干涩，斜坡倾斜 5°左右为宜。

【准备姿势】

运动员在坡顶面对坡底方向站立，两膝微屈。

【动作要求】

这个练习技术动作与双腿跳跃障碍相同。运动员在跳跃过程中假想跳过栏架，提膝大小腿折叠，脚掌面向身体后方，随后小腿前伸落地。这个练习更加强调运动员的动作速率，因此应在熟练掌握前文跳跃练习技术动作后进行。

图 6 –43　斜坡跳跃

九十一、单腿纵跳（图 6 –44）

【动作简介】

单腿纵跳练习可用对运动员力量基础的评估，也可用于训练运动员支撑腿的肌肉力量。这个练习对发展运动员在特定身体姿态下快速蹬地，提高启动和加速能力的训练是至关重要的。

【准备姿势】

单腿站立保持平衡，非支撑腿提膝至髋关节高度，大小腿成 90°，脚尖向上勾起，足跟位于支撑腿膝关节前方。

【动作要求】

支撑腿屈蹲蹬伸向上起跳，每一次下落整个脚掌落地，身体重心集中在支撑腿上，跳跃过程中应注意髋部的充分伸展，而非仅仅是膝关节的伸展。

图6-44　单腿纵跳

九十二、单腿团身跳（图6-45）

【动作简介】

这个练习对田径运动员具有良好的训练效果，它也对单腿条件下保持身体姿态、平衡和稳定性具有积极影响。

【准备姿势】

单腿站立保持平衡，膝关节微屈，躯干保持正直。摆动腿提膝至髋关节高度，大小腿成90°，脚尖向上勾起，足跟位于支撑腿膝关节前方。

【动作要求】

快速屈蹲蹬伸起跳，身体重心垂直升高，摆动腿在髋关节完全伸展后向上提膝至髋关节高度，提膝过程中注意膝关节垂直上提，关节角度不变，脚尖勾起脚掌面向地面。单腿完成规定次数后，两腿交换完成相同次数。

图 6 -45　单腿团身跳

第三部分
复合式训练

第七章　复合式训练

　　复合式训练是将训练中所发展的力量与速度相互转化，并结合运动员自身的技术特点，最终达到提高运动员运动能力的目的。复合式训练这个概念已经存在了多年。俄罗斯学者 Verkhoshansky 指出复合式训练是指根据力量训练的理论指导，通过采用快速重复动作的方式发展运动员中枢神经系统的兴奋性及功率力量的练习方式。Fleck，S. J. &Kontor，K 指出复合式训练是提高运动员快速释放功率力量的一系列训练方式。Ebben，W. P. &D. O. Blackard 指出复合式训练是将高强度阻力训练与快速伸缩复合训练转化为内在生物势能的训练系统。综上，这些学者都指出综合性练习是发展运动员专项力量的有效手段，将力量训练所施加的负荷可以在反应力量训练中进行转化，因此最大限度地提高神经对肌肉的控制。

　　复合式训练是将生物力学因素与运动专项相结合，最终服务于运动员的竞赛。抓举与高翻训练跨过身体多个主要关节，对发展全身基础力量与功率力量具有良好效果，这样的多关节的力量训练应安排在一次训练课的前半段，此时运动员神经中枢兴奋性较高，状态积极，可募集更多神经元参与运动中，此时进行的力量训练强度更高、速度更快，是安排功率力量训练的最佳时机。而慢速的大重量、单关节肌肉训练应安排在复合式训练之后。在本章节中我们将介绍一些复合式训练的方法手段，讲解其训练安排的内在原因。

　　ERRO，M. C. 通过实验表明，运动员同时进行抗阻训练和快速伸缩复合训练，将可能增加肌肉的弹性势能，比单独进行最大功率训练更能提升牵张反射效果。Adams，T. M. 通过负重深蹲和快速伸缩复合训练相结合的方法对 48 名男性受试者进行了为期 6 周的训练，采用复合式训练的受试者纵跳增加了 10.67 厘米，而单独进行负重深蹲练习的受试者纵跳只提高了 3.30 厘米，单独进行快速伸缩复合训练的受试者纵跳增加了 3.81 厘米，可见采用复合式训练的受试者训练成果远好于只进行单一训练的受试者。由此便可得出结训，复合式训练针对于"爆发类"运动专项具有很好的训练效果。而其背后的生理学基础，是因为人体内存在的一个激发机制，即在完成一组高强度抗阻训练后的很短时间内，身体仍处于激发或高度兴奋的状态，如果此时再进行快速伸缩复合训练，则运动员可以利用这个激发状态更好地完成快速伸缩复合练习，而当运动员采用最大或接近最大负荷练习时，结合快速伸缩复合训练便可有效利用这一激发机制。

我们将复合式训练定义为通过将两种练习模式的结合来对运动员的肌肉力量进行训练。如上肢的复合式训练可将卧推与仰卧接推实心球相结合；深蹲训练可结合跳跃训练；仰卧负重上拉可结合多种形式的头上抛实心球等。在复合式训练中，快速伸缩复合训练的量应相应减少，使它适合穿着插在两组负重练习之间。以下为两个复合式训练的示例。

● **杠铃深蹲＋蹲跳×4**：在一次训练中完成 4 次杠铃负重深蹲后立即做蹲跳 4 次，8 次练习全部完成后间歇。重复相同的技术动作 3 组。根据运动员自身能力增加杠铃重量，在训练的初始阶段可采用克服自身重力的方式进行蹲跳练习，随着运动能力的提高，可增加杠铃重量至 40～50 千克。在进行负重深蹲训练时应注意选择合适的杠铃重量进行蹲跳练习，避免造成运动损伤。

● **卧推＋双手胸前推实心球×5**：在一次训练中完成 5 次卧推后立即做胸前推实心球（2～5 千克）5 次，10 次练习全部完成后间歇，重复相同技术动作 3 组。根据运动员自身能力适当增加卧推重量以提高训练负荷强度，但实心球重量 2～5 千克即可。

一、复合式训练作用机制

复合式训练是将训练中所发展的力量与速度相互转化，并结合运动员自身的技术特点，最终达到提高运动员运动能力的目的。进行复合式训练能比进行单一的抗阻训练或进行单一的快速伸缩复合训练获得更好的训练效果，这是因为人体内存在的一个激发机制，即在完成一组最大或接近最大负荷强度抗阻训练后的很短时间内，身体仍处于激发或高度兴奋的状态，如果此时再进行快速伸缩复合训练，则运动员可以利用这个激发状态更好地完成快速伸缩复合练习。复合式训练的安排是相对简单的，复合式训练的益处主要有以下几点。

- 保证神经系统的兴奋性，增加一节训练课中高质量训练的组数。
- 在一次训练课中更加有效地利用时间，获得更好的训练效果。
- 训练中对训练场地、器材更有效地运用。
- 提供力量训练的多样性，提高运动员训练积极性。
- 提高运动员转换动作模式的能力。

复合式训练将提高运动员的肌肉力量以及发力速度，单一的力量练习对于运动员运动能力的提高并不明显，运动员在进行力量训练的时候还应结合快速伸缩复合训练，将力量训练与反应力量训练相结合，在获得更大肌肉力量的同时保持动作速度不变或更快。

在对力量与速度进行复合式训练时，要求运动员在最短时间内对器械最大做功，通过这些复合式训练后将提高运动员中枢神经系统的兴奋性，有利于运动员在运动时募集更多神经元参与工作，以此提高运动员的力量以及发力速度。换言之，将两种相类似的力量训练进行组合，抗组训练将刺激运动员的中枢神经系统，在运动员进行功率力量训练时将募集更多快肌纤维参与运动。

当运动员进行高强度速度与力量的复合式训练时，应注意负荷量与负荷强度的协调，训练强度的增加必然导致训练量的降低，避免运动员出现过度疲劳现象。在训练过程中应严格控制重复次数，以保证较高的训练强度。复合式训练每周进行 3 次较为合适，为保证在每次训练之间足够的恢复，建议每次复合式训练间隔 48~96 小时。

复合式训练中最重要的是了解练习组合的生物力学要求，然后再严格按照专项技术动作的要求对运动员进行训练，并随着运动员运动能力的提高增加练习难度。

二、复合式训练计划设计要点

设计一个复合式训练计划模板将有助于教练员最好地安排训练内容，将复合式训练安排在训练期或比赛期中都会获得良好的训练效果，但前提是运动员在进行复合式训练前应掌握准确的技术动作。例如，为运动员安排深蹲与跳跃练习的复合式训练，但运动员还没有足够的深蹲力量和正确的跳跃技术动作做保障，其训练效果将会大打折扣。在全年训练安排中，运动员运动能力的训练主要安排在赛季前、赛季后以及非比赛期，由于运动员将在赛季后和非比赛期着重对技术进行训练，因此将复合式训练安排在赛前的准备期最为适宜。

三、训练方法

一旦我们理解了复合式训练方法背后的理论指导，我们便可举一反三，选择合适的方法手段安排运动员的训练。但在我们安排训练内容的过程中，应时刻明确复合式训练的首要目标是将训练效果的最大化。制定一个科学指导下的训练计划，可以减少甚至避免错误的训练方法所带来的消极影响。在制定训练计划的过程中应采用辩证的眼光看待问题，对训练方法的合理性进行思考，从而制定出最适宜的训练计划。以下为一些复合式训练计划的案例。

四、自由重量的复合式训练

"自由重量"是指重量的路线可以自由地移动到任何地方。自由重量包括杠铃、哑铃、壶铃、实心球、负在足踝和手腕的重量块、链等。采用自由重量练习时，无论是杠铃或是哑铃，重量的移动方位和方式是由运动员来控制的。自由重量训练全身参与运动，可以同时发展许多肌肉和肌肉群的力量，还有助于运动员控制其关节和发展维持身体姿势的力量。由于运动的角度和轨迹没有限制，所以起稳定作用的肌肉必须收缩以保证关节在一个轨迹上运动，有助于增强身体核心区域的稳定性。

自由重量的复合式训练是指在一组练习中将多个自由重量练习组合。表7-1自由重量复合式训练，供教练员参考。

表7-1　重量的复合式训练

拉—蹲	负重体前屈 + 负重深蹲/弓步走/台阶蹬足上
	硬拉 + 负重深蹲/弓步走/台阶蹬足上
	高翻 + 颈前深蹲/弓步走/台阶蹬足上
	抓举 + 头上举深蹲/弓步走/台阶蹬足上
蹲—推	头上举深蹲/弓步走 + 实力推/挺举
	颈前深蹲/弓步走/台阶蹬足上 + 实力推/挺举
	颈后深蹲/弓步走/台阶蹬足上 + 实力推/挺举
推—蹲	实力推 + 深蹲/弓步走/台阶蹬足上
	挺举 + 深蹲/弓步走/台阶蹬足上
提拉—推	负重体前屈 + 颈后实力推/挺举
	硬拉 + 实力推/挺举
	高翻 + 实力推/挺举
	抓举 + 颈后实力推/挺举
	高翻 + 抛/投实心球
拉—蹲—推或	负重体前屈 + 颈后实力推/挺举 + 头上举深蹲/弓步走/台阶蹬足上
拉—推—蹲	硬拉 + 实力推/挺举 + 头上举深蹲/弓步走/台阶蹬足上
	高翻 + 颈前深蹲/弓步走 + 实力推/挺举

五、力量与速度复合式训练

在本章节前文中，我们着重对运动员最大力量以及功率力量进行训练，表7-2为一些力量与速度复合式训练方式，供教练员参考。

表 7 - 2 力量与速度复合式训练

提拉—跳跃	高翻/抓举 + 负重蹬足上
	高翻/抓举 + 负重蹬足上
	高翻/抓举 + 伸展跳/星型跳/团身跳
	弓步抓举 + 分腿跳/交换腿跳
蹲/弓步走—跳跃	负重深蹲 + 深蹲跳/伸展跳/团身跳
	负重深蹲 + 双脚跳台阶
	负重深蹲 + 分腿跳/交换腿跳/双脚跳台阶
	负重深蹲 + 单脚跳台阶/弓步跳
	侧向弓步 + 跨台阶
推	挺举 + 胸前推实心球
	弓步挺举 + 前推沙袋
	卧推 + 胸前推实心球
	哑铃推举 + 下落俯卧撑
	深蹲 + 胸前推实心球
拉—蹲或推—跳跃	高翻 + 双腿快速跳栏架
	弓步抓举 + 单腿快速跳栏架
	弓步 + Z 形单足跳
	抓举 + 侧向单足跳
	深蹲 + 腿快速跳栏架
拉—投	高翻 + 跪姿头上投实心球
	抓举 + 上抛实心球
	高位下拉 + 侧向投实心球

以上只是对复合式训练进行了简单的讲解及模板介绍，复合式训练的变形及组合方式是丰富多样的，教练员可以举一反三，根据运动员专项竞技能力的需要合理安排训练内容，全面提高运动员的运动能力。

参考文献

[1] Gringmuth R. Explosive Power and Strength Complex Training for Maximum Results[J]. Journal of Athletic Training,1997,32.

[2] Comyns T M,Harrison A J,Hennessy L K,et al. The optimal complex training rest interval for athletes from anaerobic sports[J]. Journal of Strength & Conditioning Research,2006,20(3):471.

[3] Duthie G M,Young W B,Aitken D A. The acute effects of heavy loads on jump squat performance:an evaluation of the complex and contrast methods of power development[J]. Journal of Strength & Conditioning Research,2002,16(4):530.

[4] French D N,Kraemer W J,Cooke C B. Changes in dynamic exercise performance following a sequence of preconditioning isometric muscle actions[J]. Journal of Strength & Conditioning Research, 2003,17(4):678.

[5] French D N,Kraemer W J,Cooke C B. Changes in dynamic exercise performance following a sequence of preconditioning isometric muscle actions[J]. Journal of Strength & Conditioning Research, 2003,17(4):678.

[6] Jones P,Lees A. A biomechanical analysis of the acute effects of complex training using lower limb exercises[J]. Journal of Strength & Conditioning Research,2003,17(4):694 – 700.

[7] Macdonald C J,Lamont H S,Garner J C. A comparison of the effects of 6 weeks of traditional resistance training,plyometric training,and complex training on measures of strength and anthropometrics [J]. Journal of Strength & Conditioning Research,2012,26(2):422 – 431.

第八章　快速伸缩复合训练的专项化

在运动训练过程中若想达到最佳训练效果，一定要注意训练手段与运动专项的结合。这样的训练安排不仅让运动员获得更大的训练动力，也为运动训练个体化差异指引了正确的道路。这样的训练让你无需再为基础力量向专项力量转变而大费心思，按照由简到难、强度由低到高的顺序自然顺承。

以下快速伸缩复合训练具有良好的连续性。在第一部分，提供了基础力量训练方法，为运动员专项力量训练打下良好基础；第二部分则是运动员专项力量训练方式。这样的练习方式可使运动员在一个训练周期中保持良好的连续性。运动员可以根据竞技能力的需要选择训练模板进行 12 周或任意长度的训练。教练员可根据运动员竞技状态变化或周期训练理论对运动员的训练计划进行调整，以便更加符合运动员竞技能力形成规律。例如大学生运动员，由于要满足正常学业的要求，他们的赛季相对较短，同时保持高水平竞技能力的时间也较短，因此持续完成全部 12 周的基础训练具有较高难度，在训练计划的实施过程中应放缓进度，根据运动员竞技能力的形成特点安排训练内容，适当降低负荷量以保证训练质量。

当运动员进行了专项化训练后往往表现出比赛季前期基础训练阶段更好的竞技能力，这便是运动员竞技能力的螺旋上升，随着运动训练的深入，最终将达到运动员在训练前所制定的目标。

以下为一些群众基础广泛的体育项目训练模板，也许你所从事的运动项目不在其中，但你可以根据运动项目的迁移原理举一反三，建立你自己的训练模板。

● 12 周训练计划

以下为一些运动项目的快速伸缩复合训练模板，在每个表格的前 12 项练习是基础训练，这些练习对于大部分运动项目是通用的，同时将提高运动员的基础运动能力，并不强调与运动专项相结合。这 12 项练习是接下来专项训练的基础，随着训练时间增加练习的难度和专项化也将逐渐提高。

在 12 周训练计划中的前几周，着重对运动员的基础运动能力进行训练，只有极小部分专项化训练。下文训练模板中所列举的训练方式，教练员可依据训练目标进行选择，如用于热身或辅助运动员建立正确的动作姿势。但我们应该清楚，以下所提到的训练手段只是众多训练手段中的一小部分，还有更多方法手段没有被列举出来，教练员可以根据专项的竞技需要添加其他训练手段，使训练过程变得更加丰富且具有趣味性，不断为运动员带来新的刺激。为了保证训练的持续性，我们列举了基础力量训练与专项力量训练各 12 种，并附上训练次数及组数（如 2×4~6，表明共进行 2 组，每组重复 4~6 次）。

在下文训练方法中，为避免运动员的过度疲劳，每次快速伸缩复合训练之间应至少间隔 48 小时，因此教练员可将安排在一周内的 12 种训练手段分两次训练课完成，即每次训练只做 6 种即可。然而随着运动员训练时间的延长，训练过程分为基础运动能力训练与专项力量训练 2 个部分，在训练中根据训练课的需要选择合适的力量训练方式，但在安排训练的过程中应明确每次训练课的目的以及各种竞技能力的均衡发展，如在第 3~8 周，一周的力量训练应安排 14~18 种练习，8~10 项的基础力量训练，6~8 项专项力量训练。在执行训练计划的过程中，力量训练不是一成不变的，应根据运动员竞技能力的需要以及运动员竞技状态的变化选择安排合适的训练方式。

表8-1　足球的系统训练

训练	页数	第一周	第二周	第三周	第四周	第五周	第六周	第七周	第八周	第九周	第十周	第十一周	第十二周
基础练习													
弹簧跳		3×10	3×10	3×10	3×10								
蹲跳		2×4-6	3×4-6	3×6-8									
头上胯下传实心球		3×3	3×4	3×5	3×6	3×6							
伸展跳、星型跳		2×4-6	2×4-6	3×4-6		3×4-6							
分腿跳、交换腿跳		2×4-6		3×4-6	3×6-8	3×6-8	3×4-6						
脚跟落地跳		2×4-6	2×4-6	2×4-6	2×4-6	2×4-6							
循环摆腿		3×10	3×10	3×10	3×10	2×10	2×10	2×10	2×10	2×10	2×10	2×10	2×10
后蹬跑		3×10	3×10	3×10	3×10	2×10	2×10	2×10	2×10	2×10	2×10	2×10	2×10
脚踝跳		2×4-6	3×4-6	3×4-6	3×6-8	3×6-8	3×6-8	3×6-8	3×6-8	3×6-8	2×8-10	2×8-10	2×8-10
单腿交换腿跳台阶			2×4-6	2×4-6	3×6-8		2×8-10	2×8-10		2×8-10			
水平侧向跨跳				2×6-8	3×6-8	3×8-10	3×8-12		3×10-12				
双腿交替跨台阶				2×6-8	3×6-8	3×8-10	3×8-12	3×8-12	3×8-12				
专项部分													
双腿快速跳台阶				3×8-12	3×8-12	3×8-12		3×8-12	3×8-12				
屈膝团身跳				3×4-6	3×4-6	3×4-6	3×4-6	3×4-6	3×4-6	3×4-6			
侧边蹬推					3×4-6	3×4-6	3×4-6	3×4-6	3×4-6	3×4-6			
蹬伸摆腿					3×4-6	3×4-6	3×4-6	3×4-6	3×4-6	3×4-6	3×4-6		
爆发性垫步跳					3×4-6	3×4-6	3×4-6	3×4-8	3×4-8				
跨步跳						2×4-6	3×4-6	3×4-6	3×6-8	3×8-10		3×8-12	
升高式纵跳							2×4-6	3×4-6	3×6-8		3×8-12		3×8-12
侧向双脚跳									2×4-6	3×6-8	3×6-8	3×6-10	3×6-10
连续单腿跳栏架											2×4-6	3×4-6	3×4-6
单腿Z形跳跃										2×3-6	3×3-6	3×3-6	3×3-6
腿部抛球											2×3-6	4×3-6	4×3-6
上步双手投实心球											2×3-6	4×3-6	4×3-6
训练强度		低		中				高			超量		

表8-2　棒球、垒球的系统训练

基础练习

训练	页数	第一周	第二周	第三周	第四周	第五周	第六周	第七周	第八周	第九周	第十周	第十一周	第十二周
弹簧跳		3×10	3×10	3×10	3×10								
蹲跳		2×4-6	3×4-6	3×6-8									
头上脖下传实心球		3×3	3×4	3×5	3×6	3×6							
伸展跳、星型跳		2×4-6	2×4-6	3×4-6		3×4-6							
分腿跳、交换腿跳		2×4-6		3×4-6	3×6-8	3×6-8	3×4-6						
脚跟落地跳		2×4-6	2×4-6	2×4-6	2×4-6	2×4-6							
循环摆腿		3×10	3×10	3×10	3×10	2×10	2×10	2×10	2×10	2×10	2×10	2×10	2×10
后蹬跑		3×10	3×10	3×10	3×10	2×10	2×10	2×10	2×10	2×10	2×10	2×10	2×10
脚踝跳		2×4-6	3×4-6	3×4-6	3×6-8	3×6-8	3×6-8	3×6-8	3×6-8	3×6-8	2×8-10	2×8-10	2×8-10
单腿交换腿跳台阶			2×4-6	2×4-6	3×6-8		2×8-10	2×8-10		2×8-10			
水平侧向跨跳				2×6-8	3×6-8	3×8-10	3×8-12		3×10-12				
双腿交替跨台阶				2×6-8	3×6-8	3×8-10	3×8-12	3×8-12	3×8-12				

专项部分

训练	页数	第一周	第二周	第三周	第四周	第五周	第六周	第七周	第八周	第九周	第十周	第十一周	第十二周
杠铃转体		3×8-12	3×8-12	3×8-12	3×8-12	3×8-12	3×8-12						
摆拳打沙袋				3×8-12	3×8-12	3×8-12		3×8-12	3×8-12				
仰卧起坐上投实心球				3×12-20	3×12-20		3×12-20	3×12-20		3×12-20			
连续铲式抛球					3×4-6	3×4-6	3×4-6	3×4-6	3×4-6	3×4-6			
连续转体抛球			3×6-12	3×6-12	3×6-12		3×6-12	3×6-12					
水平转体			3×4-6	3×4-6	3×6-8	3×6-8		3×8-10	3×8-10				
双腿快速跳台阶				2×6-10	2×6-10	2×6-10	3×6-12		3×6-12	3×6-12		3×6-12	
屈膝团身跳				2×4-6		3×4-6	3×4-6	3×6-8	3×6-8		3×6-8		3×6-8
踢臀跳				2×4-6	2×4-6	3×4-6	3×4-6	3×4-6		3×6-8	3×6-8	3×6-8	3×6-8
爆发性垫步跳				2×4-6	2×4-6		2×4-6	2×4-6		2×4-6	2×4-6	2×4-6	2×4-6
连续双腿跳栏架							2-4×2	3-6×2	3-6×2	3-6×2		3-6×2	3-6×2
侧向双腿跳					2×3-6			2×3-6	2×3-6	2×3-6	2×3-6	2×3-6	2×3-6
训练强度		低		中			高			超量			

表 8-3　雪车舵手的系统训练

训练	页数	第一周	第二周	第三周	第四周	第五周	第六周	第七周	第八周	第九周	第十周	第十一周	第十二周
基础练习													
弹簧跳		3×10	3×10	3×10	3×10								
蹲跳		2×4-6	3×4-6	3×6-8									
头上胯下传实心球		3×3	3×4	3×5	3×6	3×6							
星型跳		2×4-6	2×4-6	3×4-6		3×4-6							
交换腿跳		2×4-6		3×4-6	3×6-8	3×6-8	3×4-6						
脚跟落地跳		2×4-6	2×4-6	2×4-6	2×4-6	2×4-6							
循环摆腿		3×10	3×10	3×10	3×10	2×10	2×10	2×10	2×10	2×10	2×10	2×10	2×10
后蹬跑		3×10	3×10	3×10	3×10	2×10	2×10	2×10	2×10	2×10	2×10	2×10	2×10
脚踝跳		2×4-6	3×4-6	3×4-6	3×6-8	3×6-8	3×6-8	3×6-8	3×6-8	3×6-8	2×8-10	2×8-10	2×8-10
单腿交换腿跳台阶			2×4-6	2×4-6	3×6-8		2×8-10	2×8-10		2×8-10			
水平侧向跨跳				2×6-8	3×6-8	3×8-10	3×8-12		3×10-12				
双腿交替跨台阶			2×6-8	3×6-8	3×8-10	3×8-12	3×8-12	3×8-12					
专项部分													
双腿快速跳台阶		3×10	3×8-12	3×8-12	3×8-12	3×8-12	3×8-12						
杠铃转体		3×10	3×8-12	3×8-12	3×8-12	3×8-12		3×8-12					
连续转体		3×10		3×12-20	3×12-20		3×12-20	3×12-20					
前推沙袋			3×4-6	3×4-6	3×4-6	3×4-6	3×4-6						
摆拳打沙袋			3×6-12	3×6-12	3×6-12		3×6-12	3×6-12					
铲式抛球			3×4-6	3×4-6	3×6-8	3×6-8		3×8-10	3×8-10				
连续上抛球					3×4-6	3×4-6	3×4-6		3×6-8	3×6-8		3×6-8	
连续铲式抛球				2×4-6		3×4-6	3×4-6	3×6-8	3×6-8		3×6-8		3×6-8
连续前投实心球				2×4-6	2×4-6	3×4-6	3×4-6	3×4-6		3×6-8	3×6-8	3×6-8	3×6-8
仰卧起坐投实心球				2×10-20	2×10-20		2×15		2×10-20	2×10-20	2×15	2×10-20	2×10-20
水平转体							2×8-12	2×8-12	2×8-12	2×8-12		2×8-12	2×8-12
杠铃挺髋						2×3-6		2×3-6	2×3-6	3×3-6	3×3-6	3×3-6	3×3-6
训练强度		低		中			高		超量				

表 8-4　排球的系统训练

训练	页数	第一周	第二周	第三周	第四周	第五周	第六周	第七周	第八周	第九周	第十周	第十一周	第十二周
基础练习													
弹簧跳		3×10	3×10	3×10	3×10								
蹲跳		2×4-6	3×4-6	3×6-8									
头上腭下传实心球		3×3	3×4	3×5	3×6	3×6							
伸展跳、星型跳		2×4-6	2×4-6	3×4-6		3×4-6							
分腿跳、交换腿跳		2×4-6		3×4-6	3×6-8	3×6-8	3×4-6						
脚跟落地跳		2×4-6	2×4-6	2×4-6	2×4-6	2×4-6							
循环摆腿		3×10	3×10	3×10	3×10	2×10	2×10	2×10	2×10	2×10	2×10	2×10	2×10
后蹬跑		3×10	3×10	3×10	3×10	2×10	2×10	2×10	2×10	2×10	2×10	2×10	2×10
脚踝跳		2×4-6	3×4-6	3×4-6	3×6-8	3×6-8	3×6-8	3×6-8	3×6-8	3×6-8	2×8-10	2×8-10	2×8-10
单腿交换腿跳台阶			2×4-6	2×4-6	3×6-8		2×8-10	2×8-10		2×8-10			
水平侧向跨跳				2×6-8	3×6-8	3×8-10	3×8-12		3×10-12				
双腿交替跨台阶			2×6-8	3×6-8	3×8-10	3×8-12	3×8-12	3×8-12					
专项部分													
铲式抛球		2×4-6	2×4-6	2×4-6	3×8-12		3×8-12						
转体抛球				3×8-12	3×8-12	3×8-12		3×8-12	3×8-12				
仰卧起坐上投实心球				3×12-20	3×12-20	3×12-20	3×12-20	3×12-20	3×12-20	3×12-20			
连续头上投实心球					3×4-6	3×4-6	3×4-6	3×4-6	3×4-6	3×4-6			
双腿快速跳台阶			3×4-6	3×4-6	3×4-6	3×6-12	3×6-12	3×6-12	3×6-12				
水平侧向跨跳			3×4-6	3×4-6	3×4-6	3×4-6	3×4-8	3×4-8	3×4-8				
爆发性垫步跳				2×4-6	2×4-6	2×4-6	3×4-6	3×4-6	4×6-8	4×6-8		4×8-10	
侧向双脚跳						2×4-6	2×4-6	3×4-6	3×4-6		3×6-8		3×6-8
升高式纵跳						2×4-6	2×4-6	3×4-6		3×6-8	3×6-8	3×6-8	3×6-8
侧向双脚跳接加速跑						2×4-6	2×4-6		2×4-6	2×4-6	2×4-6	2×4-6	
快速跳箱跳远							2-4×2	3-6×2	3-6×2	3-6×2		3-6×2	3-6×2
连续跳深											2×3-6	3×3-6	3×3-6
训练强度		低		中			高			超量			

表 8 −5　自行车的系统训练

基础练习

训练	页数	第一周	第二周	第三周	第四周	第五周	第六周	第七周	第八周	第九周	第十周	第十一周	第十二周
弹簧跳		3×10	3×10	3×10	3×10								
蹲跳		2×4-6	3×4-6	3×6-8									
头上胯下传实心球		3×3	3×4	3×5	3×6	3×6							
伸展跳、星型跳		2×4-6	2×4-6	3×4-6		3×4-6							
分腿跳、交换腿跳		2×4-6		3×4-6	3×6-8	3×6-8	3×4-6						
脚跟落地跳		2×4-6	2×4-6	2×4-6	2×4-6	2×4-6							
循环摆腿		3×10	3×10	3×10	3×10	2×10	2×10	2×10	2×10	2×10	2×10	2×10	2×10
后蹬跑		3×10	3×10	3×10	3×10	2×10	2×10	2×10	2×10	2×10	2×10	2×10	2×10
脚踝跳		2×4-6	3×4-6	3×4-6	3×6-8	3×6-8	3×6-8	3×6-8	3×6-8	3×6-8	2×8-10	2×8-10	2×8-10
单腿交换腿跳台阶			2×4-6	2×4-6	3×6-8		2×8-10	2×8-10		2×8-10			
水平侧向跨跳				2×6-8	3×6-8	3×8-10	3×8-12		3×10-12				
双腿交替跨台阶				2×6-8	3×6-8	3×8-10	3×8-12	3×8-12	3×8-12				

专项部分

训练	页数	第一周	第二周	第三周	第四周	第五周	第六周	第七周	第八周	第九周	第十周	第十一周	第十二周
双腿快速跳台阶			2×6-10	2×6-10	2×6-10		2×6-10	2×6-10	2×6-10				
屈膝团身跳				3×4-6	3×4-6	3×4-6		3×4-6	3×4-6	3×4-6			
蹬伸摆腿					3×4-6	3×4-6	3×4-6		3×4-6	3×4-6	3×4-6		
两侧蹬伸摆腿								3×6-8	3×6-8	3×6-8	3×6-8	3×6-8	3×6-8
连续双腿跳栏架						2×4-8	3×4-8	3×6-8		3×6-10	3×6-12	3×6-12	3×6-12
跨步跳						2×6-8	2×6-8		3×6-8		3×6-10	3×6-10	3×6-10
连续单腿跳栏架								2×4-6	2×4-6	2×4-8		4×4-8	4×4-8
跳深											4-6×3	4-6×3	4-6×3
升高式跳跃					3×3	3×4	3×5	3×6	3×6	3×6	3×6	3×6	3×6
蹬伸摆腿						2×4-6	3×6-8	3×6-8	4×6-8	4×6-8	4×6-8	4×6-8	4×6-8
原地跨步跳						2×4-6	2×4-6	3×4-6	3×4-6	3×6-8	3×6-8	3×6-8	3×6-8
跳跃组合									2×3	3×3	3×3-5	3×5-7	3×6-8
训练强度		低		中				高			超量		

表 8-6　曲棍球、冰球的系统训练

训练	页数	第一周	第二周	第三周	第四周	第五周	第六周	第七周	第八周	第九周	第十周	第十一周	第十二周
基础练习													
弹簧跳		3×10	3×10	3×10	3×10								
蹲跳		2×4-6	3×4-6	3×6-8									
头上胯下传实心球		3×3	3×4	3×5	3×6	3×6							
伸展跳、星型跳		2×4-6	2×4-6	3×4-6		3×4-6							
分腿跳、交换腿跳		2×4-6		3×4-6	3×6-8	3×6-8	3×4-6						
脚跟落地跳		2×4-6	2×4-6	2×4-6	2×4-6	2×4-6							
循环摆腿		3×10	3×10	3×10	3×10	2×10	2×10	2×10	2×10	2×10	2×10	2×10	2×10
后蹬跑		3×10	3×10	3×10	3×10	2×10	2×10	2×10	2×10	2×10	2×10	2×10	2×10
脚踝跳		2×4-6	3×4-6	3×4-6	3×6-8	3×6-8	3×6-8	3×6-8	3×6-8	3×6-8	2×8-10	2×8-10	2×8-10
单腿交换腿跳台阶			2×4-6	2×4-6	3×6-8		2×8-10	2×8-10		2×8-10			
水平侧向跨跳				2×6-8	3×6-8	3×8-10	3×8-12		3×10-12				
双腿交替跨台阶			2×6-8	3×6-8	3×8-10	3×8-12	3×8-12	3×8-12					
专项部分													
双腿快速跳台阶				3×8-12	3×8-12	3×8-12		3×8-12	3×8-12				
屈膝团身跳				3×4-6	3×4-6	3×4-6	3×4-6	3×4-6	3×4-6	3×4-6			
蹬伸摆腿					3×4-6	3×4-6	3×4-6	3×4-6	3×4-6	3×4-6			
两侧蹬伸摆腿						3×4-6	3×4-6	3×4-6	3×4-6	3×4-6	3×4-6		
爆发性垫步跳					3×4-6	3×4-6	3×4-6	3×4-8	3×4-8				
跨步跳						2×4-6	3×4-6	3×4-6	3×6-8	3×8-10		3×8-12	
升高式纵跳							2×4-6	3×4-6	3×6-8		3×8-12		3×8-12
侧向双脚跳									2×4-6	3×6-8	3×6-8	3×6-10	3×6-10
连续单腿跳栏架										2×4-6	3×4-6	3×4-6	3×4-6
单腿Z形跳跃										2×3-6	2×3-6	3×3-6	3×3-6
腿部抛球											2×3-6	4×3-6	4×3-6
上步双手投实心球											2×3-6	4×3-6	4×3-6
训练强度		低		中			高			超量			

表 8-7　篮球的系统训练

训练	页数	第一周	第二周	第三周	第四周	第五周	第六周	第七周	第八周	第九周	第十周	第十一周	第十二周
基础练习													
弹簧跳		3×10	3×10	3×10	3×10								
蹲跳		2×4-6	3×4-6	3×6-8									
头上胯下传实心球		3×3	3×4	3×5	3×6	3×6							
伸展跳、星型跳		2×4-6	2×4-6	3×4-6		3×4-6							
分腿、交换腿跳		2×4-6		3×4-6	3×6-8	3×6-8	3×4-6						
脚跟落地跳		2×4-6	2×4-6	2×4-6	2×4-6	2×4-6							
循环摆腿		3×10	3×10	3×10	3×10	2×10	2×10	2×10	2×10	2×10	2×10	2×10	2×10
后蹬跑		3×10	3×10	3×10	3×10	2×10	2×10	2×10	2×10	2×10	2×10	2×10	2×10
脚踝跳		2×4-6	3×4-6	3×4-6	3×6-8	3×6-8	3×6-8	3×6-8	3×6-8	3×6-8	2×8-10	2×8-10	2×8-10
单腿交换腿跳台阶			2×4-6	2×4-6	3×6-8		2×8-10	2×8-10		2×8-10			
水平侧向跨跳				2×6-8	3×6-8	3×8-10	3×8-12		3×10-12				
双腿交替跨台阶			2×6-8	3×6-8	3×8-10	3×8-12	3×8-12	3×8-12					
专项部分													
连续上抛实心球		2×4-6	2×4-6	2×4-6	3×8-12		3×8-12						
转体传递实心球（全程）				3×8-12	3×8-12	3×8-12		3×8-12	3×8-12				
胸前推实心球				3×4-6	3×4-6	3×4-6	3×4-6	3×4-6	3×4-6	3×4-6			
仰卧双手向前投实心球					3×4-6	3×4-6	3×4-6	3×4-6	3×4-6				
水平侧向跨跳						3×4-6	3×4-6	3×4-6	3×4-6	3×4-6			
双腿快速跳台阶					3×4-6	3×4-6	3×4-6	3×4-8	3×4-8				
连续双腿跳栏架						2×4-6	3×4-6	3×4-6	4×6-8	4×6-8		4×8-10	
侧向双脚跳							2×4-6	3×4-6	3×4-6		3×6-8		3×6-8
升高式纵跳								2×4-6	4×4-6	4×4-6	6×4-6	6×4-6	
侧向双脚跳接加速跑										2-4×4-8	2-4×4-8	2-4×4-8	2-4×4-8
双腿跳栏架										2-4×3-6	2-4×3-6	2-4×3-6	2-4×3-6
跳深	8									2×3-6	3×3-6	3×3-6	
训练强度		低		中			高			超量			

表8-8 皮划艇的系统训练

基础练习													
训练	页数	第一周	第二周	第三周	第四周	第五周	第六周	第七周	第八周	第九周	第十周	第十一周	第十二周
弹簧跳		3×10	3×10	3×10	3×10								
蹲跳		2×4-6	3×4-6	3×6-8									
头上胯下传实心球		2×4-6	3×4-6	3×6	3×6								
伸展跳、星型跳		2×4-6	2×4-6	3×4-6		3×4-6							
分腿跳、交换腿跳		2×4-6		3×4-6	3×6	3×6	3×6						
脚跟落地跳		2×4-6	2×4-6	2×4-6	2×4-6	2×4-6							
循环摆腿		3×10	3×10	3×10	3×10	2×10	2×10	2×10	2×10	2×10	2×10	2×10	2×10
后蹬跑		3×10	3×10	3×10	3×10	2×10	2×10	2×10	2×10	2×10	2×10	2×10	2×10
脚踝跳		2×4-6	3×4-6	3×4-6	3×6-8	3×6-8	3×6-8	3×6-8	3×6-8	3×6-8	2×8-10	2×8-10	2×8-10
单腿交换腿跳台阶			2×4-6	2×4-6	3×6-8		3×6-8	3×6-8		3×6-8			
水平侧向跨跳				2×6-8	3×6-8	3×8-10	3×8-12		3×10-12				
双腿交替跨台阶			2×6-8	3×6-8	3×8-10	3×8-12	3×8-12	3×8-12					
专项部分													
上抛实心球		3×3-6	3×3-6		3×3-6	3×3-6	3×3-6						3×3-6
铲式抛球				3×3-6	3×3-6	3×3-6		3×3-6	3×3-6	3×3-6			
屈膝团身跳				3×3-6	3×3-6	3×3-6		3×3-6	3×3-6	3×3-6			
升高式纵跳					3×3-6	3×3-6	3×3-6		3×3-6	3×3-6	3×3-6		
单杠挺髋					2×3-6	2×3-6	2×3-6		3×3-6	3×3-6	3×3-6		
垂直摆体					2×4-6	2×4-6	3×6-8		3×6-8	3×6-8		3×6-8	
杠铃挺髋						3×1	3×1	3×1	3×1		3×1	3×1	3×1
快速跳箱跳远					4-8×/1-2	4-8×/1-2	4-8×/1-2	4-8×/1-2		4-8×/1-2	4-8×/1-2	4-8×/1-2	4-8×/1-2
跳跃接后抛实心球						2×3-6	2×3-6	3×3-6		3×3-6	3×6		3×6
双腿快速跳栏架						2×3-6	2×3-6	3×3-6		3×3-6	3×6		3×6
跳深										4-8×/3-6	4-8×/3-6	4-8×/3-6	4-8×/3-6
跳深跳远											3-6×/3-5	3-6×/3-5	3-6×/3-5
训练强度		低		中			高			超量			

表8-9　高山滑雪的系统训练

训练	页数	第一周	第二周	第三周	第四周	第五周	第六周	第七周	第八周	第九周	第十周	第十一周	第十二周
基础练习													
弹簧跳		3×10	3×10	3×10	3×10								
蹲跳		2×4-6	3×4-6	3×6-8									
头上胯下传实心球		3×3	3×4	3×5	3×6	3×6							
伸展跳、星型跳		2×4-6	2×4-6	3×4-6		3×4-6							
分腿跳、交换腿跳		2×4-6		3×4-6	3×6-8	3×6-8	3×4-6						
脚跟落地跳		2×4-6	2×4-6	2×4-6	2×4-6	2×4-6							
循环摆腿		3×10	3×10	3×10	3×10	2×10	2×10	2×10	2×10	2×10	2×10	2×10	2×10
后蹬跑		3×10	3×10	3×10	3×10	2×10	2×10	2×10	2×10	2×10	2×10	2×10	2×10
脚踝跳		2×4-6	3×4-6	3×4-6	3×6-8	3×6-8	3×6-8	3×6-8	3×6-8	3×6-8	2×8-10	2×8-10	2×8-10
单腿交换腿跳台阶			2×4-6	2×4-6	3×6-8		2×8-10	2×8-10		2×8-10			
水平侧向跨跳				2×6-8	3×6-8	3×8-10	3×8-12			3×10-12			
双腿交替跨台阶			2×6-8	3×6-8	3×8-10	3×8-12	3×8-12	3×8-12					
专项部分													
双腿快速跳台阶				3×8-12	3×8-12	3×8-12		3×8-12	3×8-12				
屈膝团身跳				3×4-6	3×4-6	3×4-6	3×4-6	3×4-6	3×4-6	3×4-6			
蹬伸摆腿					3×4-6	3×4-6	3×4-6	3×4-6	3×4-6	3×4-6			
两侧蹬伸摆腿						3×4-6	3×4-6	3×4-6	3×4-6	3×4-6	3×4-6		
快速跳箱跳远					3×4-6	3×4-6	3×4-6	3×4-8	3×4-8				
双脚跳台阶						2×4-6	3×4-6	3×4-6	4×6-8	4×6-8		4×6-8	
跨步跳							2×4-6	3×4-6	3×6-8		3×8-12		3×8-12
连续双腿跳栏架									2×4-6	3×6-8	3×6-8	3×6-10	3×6-10
侧向双脚跳										2×4-6	3×4-6	3×4-6	3×4-6
升高式纵跳										2×3-6	3×3-6	3×3-6	3×3-6
连续单腿跳栏架											2×3-6	4×3-6	4×3-6
单腿Z形跳跃											2×3-6	4×3-6	4×3-6
训练强度		低		中				高			超量		

表 8-10　北欧两项的系统训练

训练	页数	第一周	第二周	第三周	第四周	第五周	第六周	第七周	第八周	第九周	第十周	第十一周	第十二周
基础练习													
弹簧跳		3×10	3×10	3×10	3×10								
蹲跳		2×4-6	3×4-6	3×6-8									
头上胸下传实心球		3×3	3×4	3×5	3×6	3×6							
伸展跳、星型跳		2×4-6	2×4-6	3×4-6		3×4-6							
分腿跳、交换腿跳		2×4-6		3×4-6	3×6-8	3×6-8	3×4-6						
脚跟落地跳		2×4-6	2×4-6	2×4-6	2×4-6	2×4-6							
循环摆腿		3×10	3×10	3×10	3×10	2×10	2×10	2×10	2×10	2×10	2×10	2×10	2×10
后蹬跑		3×10	3×10	3×10	3×10	2×10	2×10	2×10	2×10	2×10	2×10	2×10	2×10
脚踝跳		2×4-6	3×4-6	3×4-6	3×6-8	3×6-8	3×6-8	3×6-8	3×6-8	3×6-8	2×8-10	2×8-10	2×8-10
单腿交换腿跳台阶			2×4-6	2×4-6	3×6-8		2×8-10	2×8-10		2×8-10			
水平侧向跨跳				2×6-8	3×6-8	3×8-10	3×8-12		3×10-12				
双腿交替跨台阶			2×6-8	3×6-8	3×8-10	3×8-12	3×8-12	3×8-12					
专项部分													
连续仰卧起坐上投实心球		2×3-6	3×3-6	3×5-8	3×6-12	3×6-12	3×6-12						
垂直摆体			3×6-12	3×6-12	3×6-12	3×6-12	3×6-12	3×6-12					
负重摆臂				3×6-12	3×6-12	3×6-12	3×6-12	3×6-12	3×6-12	3×6-12			
双腿快速跳台阶				3×8-12	3×8-12	3×8-12		3×8-12	3×8-12				
屈膝团身跳				3×4-6	3×4-6	3×4-6	3×4-6	3×4-6	3×4-6	3×4-6			
蹬伸摆腿					3×4-6	3×4-6	3×4-6	3×4-6	3×4-6	3×4-6			
两侧蹬伸摆腿						3×4-6	3×4-6	3×4-6	3×4-6	3×4-6	3×4-6		
快速跳箱跳远					3×4-6	3×4-6	3×4-6	3×4-8	3×4-8				
双脚跳台阶						2×4-6	3×4-6	3×4-6	4×6-8	4×6-8		4×10	
跨步跳							2×4-6	3×4-6	3×6-8		3×8-12		3×8-12
单腿跳栏架											2×3-6	4×6	4×6
单腿 Z 形跳跃											2×3-6	4×3-6	4×3-6
训练强度		低		中				高			超量		

表 8-11　网球的系统训练

训练	页数	第一周	第二周	第三周	第四周	第五周	第六周	第七周	第八周	第九周	第十周	第十一周	第十二周
基础练习													
弹簧跳		3×10	3×10	3×10	3×10								
蹲跳		2×4-6	3×4-6	3×6-8									
头上胯下传实心球		3×3	3×4	3×5	3×6	3×6							
伸展跳、星型跳		2×4-6	2×4-6	3×4-6		3×4-6							
分腿跳、交换腿跳		2×4-6		3×4-6	3×6-8	3×6-8	3×4-6						
脚跟落地跳		2×4-6	2×4-6	2×4-6	2×4-6	2×4-6							
循环摆腿		3×10	3×10	3×10	3×10	2×10	2×10	2×10	2×10	2×10	2×10	2×10	2×10
后蹬跑		3×10	3×10	3×10	3×10	2×10	2×10	2×10	2×10	2×10	2×10	2×10	2×10
脚踝跳		2×4-6	3×4-6	3×4-6	3×6-8	3×6-8	3×6-8	3×6-8	3×6-8	3×6-8	2×8-10	2×8-10	2×8-10
单腿交换腿跳台阶			2×4-6	2×4-6	3×6-8		2×8-10	2×8-10		2×8-10			
水平侧向跨跳				2×6-8	3×6-8	3×8-10	3×8-12		3×10-12				
双腿交替跨台阶			2×6-8	3×6-8	3×8-10	3×8-12	3×8-12	3×8-12					
专项部分													
连续头上投实心球			2×3-6	2×3-6	2×3-6	2×3-6		2×3-6	2×3-6				
转体抛球				3×4-6	3×4-6	3×4-6	3×4-6	3×4-6	3×4-6	3×4-6			
两侧蹬伸摆腿					3×4-6	3×4-6	3×4-6	3×4-6	3×4-6	3×4-6			
摆拳打沙袋						3×4-6	3×4-6	3×4-6	3×4-6	3×4-6	3×4-6		
水平转体					2×4-6	2×4-6	3×4-6	3×4-8	3×6-10				
连续单腿跳栏架						2×4-6	3×4-6	3×4-6	3×6-8	3×8-10		3×8-12	
侧向双脚跳							2×4-6	3×4-6	3×6-8		3×6-8		3×6-8
侧向双脚跳接加速跑									2×4-6	3×4-6	3×4-6	3×4-6	3×4-6
水平侧向跨跳										2×4-6	3×4-6	3×4-6	3×4-6
连续单腿跳栏架										2×3-6	3×3-6	3×3-6	3×3-6
单腿 Z 形跳跃											2×3-6	2×3-6	3×3-6
跳跃抛球										2×3-6	2×3-6	2×3-6	2×3-6
训练强度		低		中		高			超量				

表 8-12　田径径赛的系统训练

训练	页数	第一周	第二周	第三周	第四周	第五周	第六周	第七周	第八周	第九周	第十周	第十一周	第十二周
基础练习													
弹簧跳		3×10	3×10	3×10	3×10								
蹲跳		2×4-6	3×4-6	3×6-8									
头上胸下传实心球		3×3	3×4	3×5	3×6	3×6							
伸展跳、星型跳		2×4-6	2×4-6	3×4-6		3×4-6							
分腿跳、交换腿跳		2×4-6		3×4-6	3×6-8	3×6-8	3×4-6						
脚跟落地跳		2×4-6	2×4-6	2×4-6	2×4-6	2×4-6							
循环摆腿		3×10	3×10	3×10	3×10	2×10	2×10	2×10	2×10	2×10	2×10	2×10	2×10
后蹬跑		3×10	3×10	3×10	3×10	2×10	2×10	2×10	2×10	2×10	2×10	2×10	2×10
脚踝跳		2×4-6	3×4-6	3×4-6	3×6-8	3×6-8	3×6-8	3×6-8	3×6-8	3×6-8	2×8-10	2×8-10	2×8-10
单腿交换腿跳台阶			2×4-6	2×4-6	3×6-8		2×8-10	2×8-10		2×8-10			
水平侧向跨跳				2×6-8	3×6-8	3×8-10	3×8-12		3×10-12				
双腿交替跨台阶			2×6-8	3×6-8	3×8-10	3×8-12	3×8-12	3×8-12					
专项部分													
屈膝团身跳			3×4-6	3×4-6	3×4-6	3×6-8	3×6-8						
蹬伸摆腿				3×4	3×5	3×6		3×6	3×6				
跨步跳						3×6-8	3×8-10	3×8-12	3×8-12	3×10+	3×10-12		
团身跳						3×6-8	3×6-8	3×8-10	3×8-10	3×8-10	3×8-10	3×8-10	3×8-10
连续单腿跳栏架					3×3	3×4	3×5	3×6	3×6	3×6	3×6	3×6	3×6
连续双腿跳						2×4-6	3×6-8	3×6-8	4×6-8	4×6-8	4×6-8	4×6-8	4×6-8
侧向双脚跳						2×4-6	2×4-6	3×4-6	3×4-6	3×6-8	3×6-8	3×6-8	3×6-8
连续单腿跳栏架									2×3	3×3	3×3-5	3×5-7	3×6-8
连续跳深									1×3	1×4	1×5	1×7	
跳跃组合练习											3×3	3×3	3×3
立定三级跳											2×2		
跳跳箱											3×3	3×3	
训练强度		低		中				高			超量		

表 8－13　田径投掷的系统训练

训练	页数	第一周	第二周	第三周	第四周	第五周	第六周	第七周	第八周	第九周	第十周	第十一周	第十二周
基础练习													
弹簧跳		3×10	3×10	3×10	3×10								
蹲跳		2×4-6	3×4-6	3×6-8									
头上膀下传实心球		3×3	3×4	3×5	3×6	3×6							
伸展跳、星型跳		2×4-6	2×4-6	3×4-6		3×4-6							
分腿跳、交换腿跳		2×4-6		3×4-6	3×6-8	3×6-8	3×4-6						
脚跟落地跳		2×4-6	2×4-6	2×4-6	2×4-6	2×4-6							
循环摆腿		3×10	3×10	3×10	3×10	2×10	2×10	2×10	2×10	2×10	2×10	2×10	2×10
后蹬跑		3×10	3×10	3×10	3×10	3×10	3×10	3×10	3×10	3×10	3×10	3×10	3×10
脚踝跳		2×4-6	3×4-6	3×4-6	3×6-8	3×6-8	3×6-8	3×6-8	3×6-8	3×6-8	2×8-10	2×8-10	2×8-10
单腿交换腿跳台阶			2×4-6	2×4-6	3×6-8		2×8-10	2×8-10		2×8-10			
水平侧向跨跳				2×6-8	3×6-8	3×10	3×8-12		3×12				
双腿交替跨台阶			2×6-8	3×6-8	3×8-10	3×10	3×8-12	3×8-12					
专项部分													
双腿快速跳台阶		3×8-12	3×8-12	3×8-12	3×8-12	3×8-12	3×8-12						
杠铃转体		3×8-12	3×8-12	3×8-12	3×8-12	3×10		3×8-12					
连续转体抛球		3×15		3×12-20	3×15		3×12-20	3×15					
前推沙袋			3×4-6	3×4-6	3×4-6	3×4-6	3×4-6	3×4-6					
摆拳打沙袋			3×6-12	3×6-12	3×6-12		3×6-12	3×6-12					
铲式抛球			3×4-6	3×4-6	3×6-8	3×6-8		3×8-10	3×8-10				
连续上抛实心球					3×4-6	3×4-6	3×4-6		3×6-8	3×6-8		3×6-8	
连续铲式抛球				2×4-6		3×4-6	3×4-6	3×6-8	3×6-8		3×6-8		3×6-8
连续前投实心球				2×4-6	2×4-6	3×4-6	3×4-6	3×4-6		3×6-8	3×6-8	3×6-8	3×6-8
仰卧起坐投实心球				2×10-20	2×15		2×10-20		2×10-20	2×10-20	2×10-20	2×10-20	2×10-20
水平转体							2×8-12	2×8-12	2×8-12	2×8-12		2×8-12	2×8-12
杠铃挺髋						2×3-6		2×3-6	2×3-6	3×3-6	3×3-6	3×3-6	3×3-6
训练强度		低		中				高		超量			

表 8-14 举重的系统训练

训练	页数	第一周	第二周	第三周	第四周	第五周	第六周	第七周	第八周	第九周	第十周	第十一周	第十二周
基础练习													
弹簧跳		3×10	3×10	3×10	3×10								
蹲跳		2×4-6	3×4-6	3×6-8									
头上胯下传实心球		3×3	3×4	3×5	3×6	3×6							
伸展跳、星型跳		2×4-6	2×4-6	3×4-6		3×4-6							
分腿跳、交换腿跳		2×4-6		3×4-6	3×6-8	3×6-8	3×4-6						
脚跟落地跳		2×4-6	2×4-6	2×4-6	2×4-6	2×4-6							
循环摆腿		3×10	3×10	3×10	3×10	2×10	2×10	2×10	2×10	2×10	2×10	2×10	2×10
后蹬跑		3×10	3×10	3×10	3×10	2×10	2×10	2×10	2×10	2×10	2×10	2×10	2×10
脚踝跳		2×4-6	3×4-6	3×4-6	3×6-8	3×6-8	3×6-8	3×6-8	3×6-8	3×6-8	2×8-10	2×8-10	2×8-10
单腿交换腿跳台阶			2×4-6	2×4-6	3×6-8		2×8-10	2×8-10		2×8-10			
水平侧向跨跳				2×6-8	3×6-8	3×8-10	3×8-12		3×10-12				
双腿交替跨台阶			2×6-8	3×6-8	3×8-10	3×8-12	3×8-12	3×8-12					
专项部分													
连续上抛实心球				3×3-6	3×3-6	3×3-6		3×3-6	3×3-6	3×3-6			
屈膝团身跳				3×3-6	3×3-6	3×3-6		3×3-6	3×3-6	3×3-6			
升高式纵跳					3×3-6	3×3-6	3×3-6		3×3-6	3×3-6	3×3-6		
快速跳箱跳远						4-8× 1-2	4-8× 1-2	4-8× 1-2	4-8× 1-2	4-8× 1-2	4-8× 1-2	4-8× 1-2	4-8× 1-2
杠铃挺髋						3×10	3×10	3×10	3×10		3×10	3×10	3×10
跳深										4-8× 3-6	4-8× 3-6	4-8× 3-6	4-8× 3-6
跳深跳远				2×4-6		3×4-6	3×4-6	3×6-8	3×6-8		3×6-8		3×6-8
实力推				2×4-6	2×4-6	3×4-6	3×4-6	3×4-6		3×6-8	3×6-8	3×6-8	3×6-8
脆姿抓举			2×10-20	2×15		2×10-20		2×10-20	2×10-20	2×10-20	2×10-20		2×10-20
弓步挺举							2×8-12	2×8-12	2×8-12	2×8-12		2×8-12	2×8-12
弓步抓举						2×3-6		2×3-6	2×3-6	3×3-6	3×3-6	3×3-6	3×3-6
下蹲挺举							2×4-6	2×4-6	2×4-6	2×4-6	2×4-6	2×4-6	2×4-6
训练强度		低		中				高			超量		

表8-15　摔跤的系统训练

训练	页数	第一周	第二周	第三周	第四周	第五周	第六周	第七周	第八周	第九周	第十周	第十一周	第十二周
基础练习													
弹簧跳		3×10	3×10	3×10	3×10								
蹲跳		2×4-6	3×4-6	3×6-8									
头上胯下传实心球		3×3	3×4	3×5	3×6	3×6							
伸展跳、星型跳		2×4-6	2×4-6	3×4-6		3×4-6							
分腿跳、交换腿跳		2×4-6		3×4-6	3×6-8	3×6-8	3×4-6						
脚跟落地跳		2×4-6	2×4-6	2×4-6	2×4-6	2×4-6							
循环摆腿		3×10	3×10	3×10	3×10	2×10	2×10	2×10	2×10	2×10	2×10	2×10	2×10
后蹬跑		3×10	3×10	3×10	3×10	2×10	2×10	2×10	2×10	2×10	2×10	2×10	2×10
脚踝跳		2×4-6	3×4-6	3×4-6	3×6-8	3×6-8	3×6-8	3×6-8	3×6-8	3×6-8	2×8-10	2×8-10	2×8-10
单腿交换腿跳台阶			2×4-6	2×4-6	3×6-8		2×8-10	2×8-10		2×8-10			
水平侧向跨跳				2×6-8	3×6-8	3×8-10	3×8-12		3×10-12				
双腿交替跨台阶			2×6-8	3×6-8	3×8-10	3×8-12	3×8-12	3×8-12					
专项部分													
杠铃转体		3×8-12	3×8-12	3×8-12	3×8-12	3×8-12	3×8-12						
连续上抛实心球				3×8-12	3×8-12	3×8-12		3×8-12	3×8-12				
连续铲式抛球				3×12-20	3×12-20		3×12-20	3×12-20		3×12-20			
屈膝团身跳					3×4-6	3×4-6	3×4-6	3×4-6	3×4-6	3×4-6			
爆发性垫步跳				3×6-12	3×6-12	3×6-12		3×6-12	3×6-12				
蹬伸摆腿				3×4-6	3×4-6	3×6-8	3×6-8		3×8-10	3×8-10			
杠铃挺髋				2×6-10	2×6-10	2×6-10	3×6-12		3×6-12	3×6-12		3×6-12	
水平和垂直摆动				2×4-6		3×4-6	3×4-6	3×6-8	3×6-8		3×6-8		3×6-8
跳跃组合				2×4-6	2×4-6	3×4-6	3×4-6			3×6-8	3×6-8	3×6-8	3×6-8
侧向双脚跳				2×4-6	2×4-6		2×4-6	2×4-6		2×4-6	2×4-6	2×4-6	2×4-6
连续单腿跳栏架								2×3-6	2×3-6	2×3-6	2-3×3-6	3-4×3-6	4×3-6
单腿Z形跳跃									2×3-6	3×3-6	3×3-6	3×3-6	3×3-6
训练强度		低	中					高			超量		

第九章　肌肉力量的长期保持

　　运动训练指为提高运动员的竞技能力和运动成绩，在教练员的指导下，有组织有计划的体育活动。在最后一章中我们将从一个更宏观的视角来审视快速伸缩复合训练，最终在我们的心中建立一个宏观较为的概念。教练员应注意在快速伸缩复合训练中穿插耐力训练、健美训练或孤立训练法都是不适宜的，因为这些练习方式主要对运动员的慢肌纤维进行锻炼，过多训练慢肌纤维将使运动员的反应力量受到钳制，阻碍运动员反应力量的发展。因此在安排反应力量训练时，往往会选择最大强度的快速伸缩复合训练作为训练的主要手段。虽然大负荷的快速伸缩复合训练对运动员心肺耐力的提高并没有实质性的作用，但较低强度的快速伸缩复合训练却作为培养运动员心肺耐力的有效手段广泛应用于日常的训练中。

　　多年训练计划是运动训练计划的重要组成部分，它是教练员制定年度训练计划、周期训练计划及每日训练计划的基础。多年训练计划中不会体现出每日的训练内容及手段，但它将确定运动员在一个大训练周期中的赛事安排以及周期安排，对运动员在训练周期中的比赛、训练有着一个宏观规划。而每日训练计划的制定则要明确指出所采用的训练方法及手段，负荷量及负荷强度，同时还应包含运动员竞技能力评估的方式，此外教练员应总结出运动员在训练中出现的错误，并注明解决办法。教练员的训练计划越详尽，对训练的控制越强。

一、周期训练安排

　　按照一个训练周期所包含的时间跨度的不同，可以把其区分为多年训练周期、年度训练周期、大训练周期、中训练周期、小训练周期以及日训练周期这几种。多年训练周期是以成功参加一次重大比赛为目标而设计的，如奥运会、世锦赛等。随后运动员的所有训练及竞赛均应围绕这一最高规格比赛来进行。在一个多年训练周期计划中或许会包含若干年，在确定大周期训练计划后，便可根据一年中的比赛与训练安排制定小周期训练计划，最终确定每周、每日的具体训练计划，并在实施的过程中根据运动员的实际情况做到适时调整。

　　而对于一名教练员来说，接触最多、运用最多的训练周期是年度训练周期和周训练周期。按照周期训练安排的基本理论，一个大周期包括一个准备时期、一个比赛时期、一个恢复时期，相对应的也就是竞技状态形成、保持和消退的完整过程。而将训练周期再进行细分，则可以把周的训练分为基本训练周、赛前训练周、比赛周以及恢复周这4种类型，为适应不同任务而制定相应的周训练计划，也表现出明显不同的负荷变化特点。

二、训练周期安排

　　运动员在一年中的不同训练周期有着不同的训练或竞赛任务，而在这不同周期中教练员也应为运动员制定不同的训练计划。对于不同专项的运动员，不同训练周期的侧重点也不尽相同。尤其是对于一些只在比赛期才进行专项训练的运动员，在比赛期，主要目的是保持竞技状态，运动员的训练将以恢复和专项速度训练为主，快速伸缩复合训练将作为比赛期的补充，训练中应采用低到中强度的快速伸缩复合训练以维持一定体能水平，并结合一些专门性力量练习；此外，力量训练的比重也将逐渐减少，应通过发展运动员的速度能力来使运动员处于最佳的竞技状态。

　　然而对于那些只在比赛期训练的运动员而言，他们可能错失了发展自身基本素质和专项能力的最佳时机。速度力量是很多运动素质和运动技术的先决条件，通过快速伸缩复合训练可以有效提高运动员所能承受的重量负荷，并转化为运动员的速度力量，这对提高运动员的竞技能力具有重要意义。因此，我们建议，即便是只在比赛期才参与专项训练的运动员，教练员应根据运动员的竞技需要，在竞赛期设置一些小强度的快速伸缩复合训练，并随着运动员训练水平的提高，逐渐增加负荷强度，这样既不会过多的滞后运动员的恢复，还能有效提高运动员的专项竞技能力。

　　简而言之，伴随着不同训练周期的转换，运动员的竞技能力逐渐提高，这是运动员达到最佳运动能力的必由之路。（表9－1）

表9－1　0～1 竞技状态的阶段性发展与周期划分

竞技状态 发展过程	生物学基础	训练任务	训练时期
形成	适应性机制： 机体对外界刺激的适应性现象	提高竞技能力，促进竞技状态形成	准备期
保持	动员性机制： 生理/心理能力被释放动员，各系统高度协调	发展稳定的竞技状态，参加比赛创造好成绩	比赛期
消失	保护性机制： 机体自动停止积极地应激反应	积极恢复，消除心理与生理疲劳	恢复期

三、训练阶段划分

不同的训练阶段具有不同的训练任务，而不同的训练任务也对应着不同的训练方法。对于快速伸缩复合训练的应用，学者们的争论就从来没有停止过。部分学者认为，运动员可以在全年的训练中均采用快速伸缩复合训练，长期的运动训练已经使他们的身体适应了快速伸缩复合训练的训练强度，长期安排并不会阻碍运动员竞技能力的发展。而部分学者也提出了不同的意见，Bompa 指出，快速伸缩复合训练在每个 12 周训练周期中只适宜连续安排 3～4 周的训练频率，而其他时间则由一些其他的力量练习方式代替训练效果最佳。Zanon 则认为，训练中采用 10 天高强度的快速伸缩复合训练后再进行 10 天低强度的快速伸缩复合训练，以此作为一个循环，3 周作为一个周期，在一个周期内连续重复此循环将获得更好的训练效果。而 Radcliffe 则认为，应将力量、速度、反应力量等各项素质在每个训练阶段协同发展，只不过在不同的竞技能力发展阶段的侧重点不同。表 9－2 是不同训练时期三种基本素质的安排，教练员可以在训练过程中加以借鉴。

表9-2　训练手段周期化安排

力量训练安排

准备期		比赛期	
基础力量	最大力量	专项力量	力量保持

速度训练安排

准备期		比赛期	
加速能力	绝对速度	速度耐力	专项能力保持

反应力量训练安排

准备期		比赛期	
基本动作训练 双脚跳、抛球	中等训练强度 单脚跳、投掷	复合训练 最大强度训练	反应力量保持

　　在本章中的结尾，我们将提供一些周期化训练的案例供教练员参考。年度训练计划的内容将适用于大部分运动项目，针对不同运动项目，教练员可根据各个专项的特点进行细节的完善，服务于本专项的训练。快速伸缩复合训练作用广泛，可用于热身、力量训练、技术动作学习或专项化训练等各个领域，为了实现运动专项化的目标，教练员应对快速伸缩复合训练有一个全面的了解，决定其在训练过程中所占据的比例，并明确其在训练中所要达到的目的。教练员应在训练过程中观察运动员的训练状态，分析所安排的训练内容，根据运动员的训练状态适时调整训练计划及负荷，而这一切，都是以运动员获得最佳竞技能力为目标的。

　　为了使训练效果最大化，我们认为将运动员的训练周期规定为3~4周较为合适。以4周训练周期为例，1~3周训练负荷逐渐增加，在第4周降低训练负荷，促进运动员机能恢复。

第三周
10~16种训练手段
每个练习3~4组
每个练习重复6~12次

第二周
8~12种训练手段
每个练习2~3组

第一周
6~10种训练手段

第四周
2~3种训练手段
每个练习4组

每个练习1~2组
每个练习重复3~5次

每个练习重复4~8次

每个练习重复2~5次

训练方法

负荷量及强度

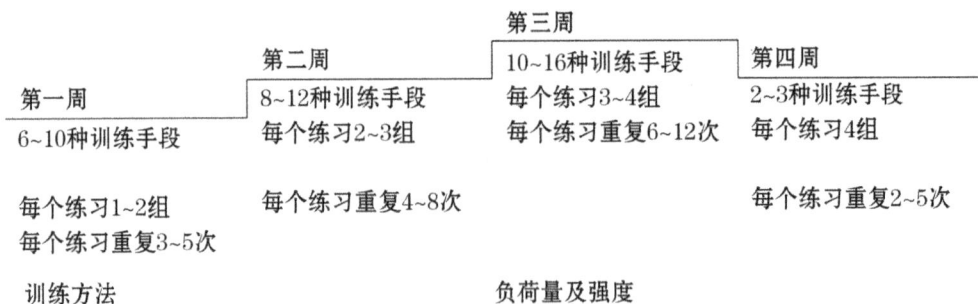

图 9 - 1① 4 周训练周期安排

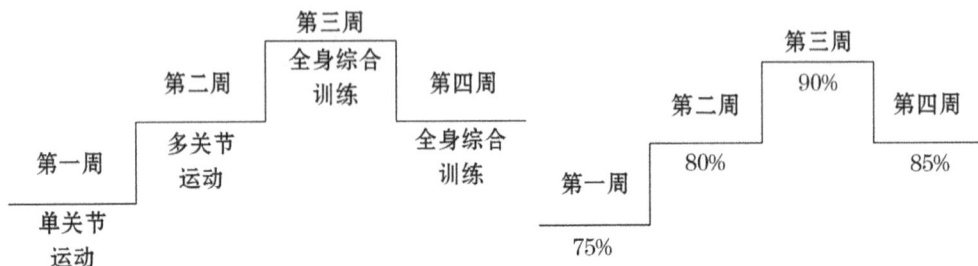

第三周
全身综合
训练

第二周
多关节
运动

第四周
全身综合
训练

第一周
单关节
运动

第三周
90%

第二周
80%

第四周
85%

第一周
75%

图 9 - 1② + 4 周训练周期安排

四、力量层级结构划分

　　在制定力量训练计划的过程中，参照力量层级结构表是具有良好现实意义的。力量层级结构表将力量训练逐级划分，教练员可根据训练的需要在不同层级下选择合适的训练内容供运动员训练。此外教练员在安排训练内容时应当明确，随着运动员训练水平的提高，训练的手段也将逐渐变得复杂，而训练初级阶段所采用的训练方式可应用于热身或技术训练之中。如原地直膝跳、直膝跑、伸展跳等，当运动员具备较高的竞技能力后，这些方法作为力量训练手段并不能对运动员产生足够的刺激，但作为热身方法，它却具有良好的效果。相同的道理，后蹬跑、垫步跳等也可作为速度训练的技术训练方式，同样对运动员具有良好的训练效果。因此，教练员应对运动训练有一个整体意识。在训练的过程中对所采用的训练手段有一个整体的认识，只有整体看待运动训练，才能使运动员获得最佳的训练效果。(图9-2)人体是一个有机的整体,通过体内中枢神经系统的支配和多系统间的高效协同,通过肌肉的舒缩活动得以完成大多数运动,一般以力量、速度、耐力、灵敏和柔韧这几种素质来细化这种能力但人体几大素质之间相互作用制约,实际上并不会以单独形式在运动中表现。

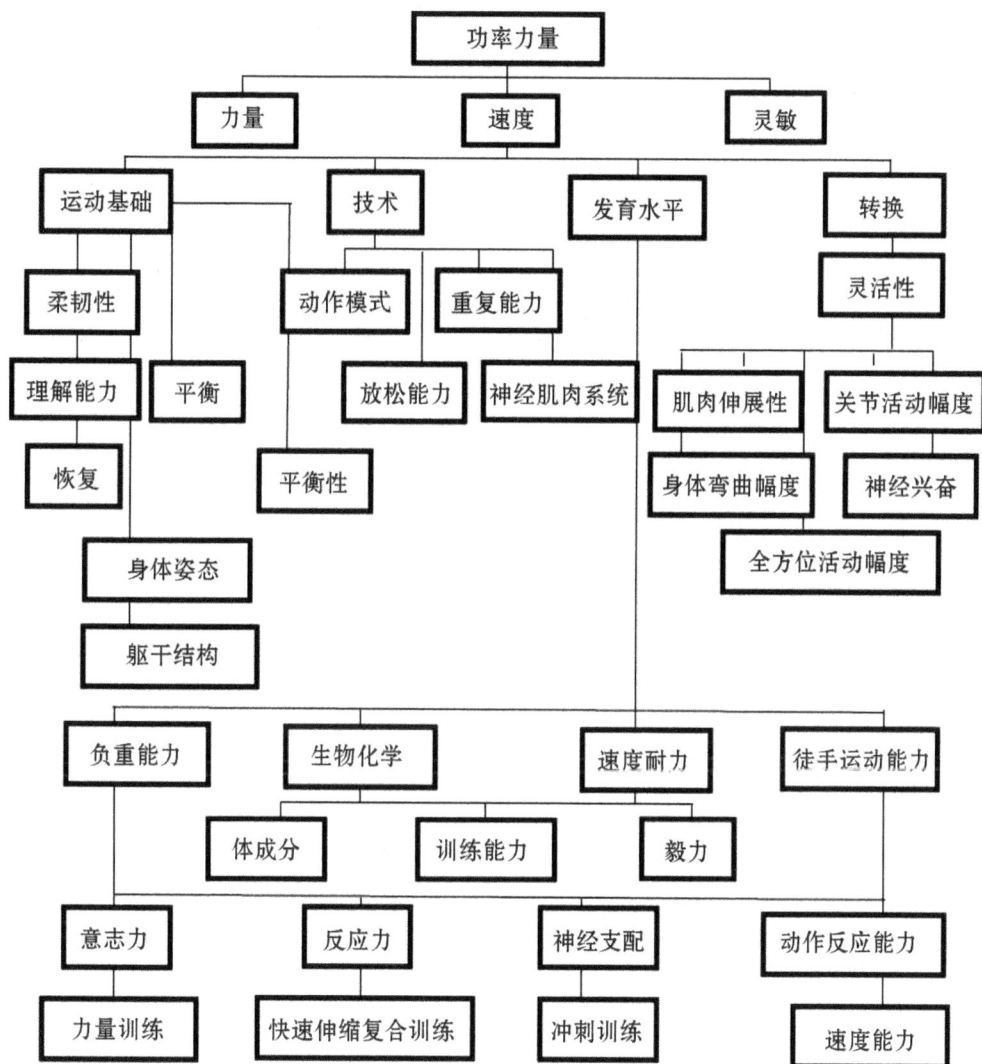

图9-2　力量层级结构表

为了获得最佳的训练效果，在制定快速伸缩复合训练的计划时，应充分重视运动员的个体化差异，了解其当前训练水平，有的放矢地选择训练方法和手段。目前针对快速伸缩复合训练的研究已经相当广泛，但我们应清楚，每名运动员的自身情况不同，在制订训练计划的过程中应避免教条主义，一味地照本宣科并不能取得最佳的训练效果。

也许你会发现，在前文中我们所提供的快速伸缩复合训练的方法中并不完全是对运动员的反应力量进行练习，这其中还通过单次重复、停顿纠正等方法来培养运动员的正确动作模式，建立在正确动作模式基础上的反应力量、反应力量训练，这对运动员的收益是更高的。当教练员为运动员安排快速伸缩复合训练时，应注意每一练习手段的练习方法及作用，避免训练过程的盲目，造成运动员的不必要损伤。此外，作为教练员应熟练掌握运动员训练水平的评价手段，当不确定运动员是否应当增加负荷强度时，对运动员的训练水平进行评价，做出最合适的选择。

在进行快速伸缩复合训练前，运动员应当建立一个明确的训练目标，在制定训练计划的过程中，教练员可参照以下准则，制订合理的训练计划。

（1）制订一个平衡、合理、循序渐进的训练计划。

（2）在运动员的基础训练阶段，穿插快速伸缩复合训练，这些训练将为运动员建立运动基础、掌握技术动作、发展力量打下基础。

（3）在制订训练计划过程中根据运动员个体化差异制定训练计划。

（4）建立一个合理、有效的评价体系。

最佳的训练计划往往是循序渐进的，在运动员训练过程中，时刻观察运动员技术动作的准确性，提高稳定性与灵活性，训练的过程中对运动员施加适宜的训练负荷，确保其训练的长期性及有效性。

足球、棒球、垒球、雪车、曲棍球、水球、篮球、皮划艇、高山滑雪、北欧两项、网球、田径、举重、摔跤的系统训练，见表 8 - 3 ~ 表 8 - 15。